U0454164

MARGIN OF TRUST
THE BERKSHIRE BUSINESS
MODEL

信任边际

伯克希尔·哈撒韦的商业原则

边际

［美］劳伦斯·A. 坎宁安（Lawrence A. Cunningham）
［美］斯特凡妮·库巴（Stephanie Cuba）　　著

闫丛丛　译

中信出版集团｜北京

图书在版编目（CIP）数据

信任边际：伯克希尔·哈撒韦的商业原则 / (美)
劳伦斯·A. 坎宁安，(美) 斯特凡妮·库巴 著；闫丛丛译
. -- 北京：中信出版社，2020.9（2022.5 重印）
　书名原文：Margin of Trust: The Berkshire
Business Model
　ISBN 978-7-5217-2082-2

Ⅰ . ①信… Ⅱ . ①劳… ②斯… ③闫… Ⅲ . ①保险公
司—企业管理—研究—美国 Ⅳ . ① F847.123

中国版本图书馆 CIP 数据核字 (2020) 第 145598 号

信任边际：伯克希尔·哈撒韦的商业原则

著　　者：[美]劳伦斯·A. 坎宁安　[美]斯特凡妮·库巴
译　　者：闫丛丛
校　　译：林蔚然
出版发行：中信出版集团股份有限公司
　　　　　（北京市朝阳区惠新东街甲 4 号富盛大厦 2 座　邮编　100029）
承 印 者：北京盛通印刷股份有限公司

开　本：880mm×1230mm　1/32　　印　张：7.75　　字　数：155 千字
版　次：2020 年 9 月第 1 版　　　　印　次：2022 年 5 月第 3 次印刷
京权图字：01-2020-1667
书　号：ISBN 978-7-5217-2082-2
定　价：68.00 元

谨以此书献给我们的女儿贝卡和萨拉，永远爱你们。

目　录

第四部分
应对挑战

序　言　信任的奖励

　　沃伦·巴菲特在伯克希尔·哈撒韦公司建立起了独特的商业模式，该商业模式的根本在于信任。这一简单的理念对于企业的兴衰而言有着深远的影响。

　　几十年来，我们一直在研究沃伦·巴菲特和伯克希尔·哈撒韦公司，而且有很多这方面的著述。1996 年，劳伦斯·A.坎宁安围绕这些研究主题举办了一场座谈会，并将最终成果汇总成一本书——《巴菲特致股东的信》，很快这本书就成为全球畅销书，被奉为经典，风靡一时。自此以后，有很多关于巴菲特 – 伯克希尔这一范例的著述发表，特别是关于投资方面的，另有一小部分著述则是讨论其管理的。

　　尽管有大量的投资者在效仿巴菲特的做法，践行其价值投资的理念，但只有少数人采用了伯克希尔·哈撒韦的管理实践方法。这种反差在时间上可见一斑：巴菲特出色的投资记录可以追溯到 60 年前，而伯克希尔·哈撒韦独特的组织结构则在10 年或 20 年前才得以证明。然而，人们对这一领域的研究兴趣却越发浓厚。

在探究哪些因素最能推动组织结构创新的过程中，研究者逐渐注意到了伯克希尔·哈撒韦的商业模式，特别是它对自治（autonomy）和分权（decentralization）的重视。[1] 在探索文化对企业生产力和合规性有何作用的过程中，人们逐渐把目光转向了伯克希尔·哈撒韦的管理方法，相较于传统的内部管控，这种方法更看重对彼此坦诚。[2]

于是，各行各业的创新企业——包括科技类大型企业集团Alphabet（谷歌的母公司）、金融信息公司晨星（Morningstar）和业务推广商闪印（Cimpress）——纷纷开始研究伯克希尔·哈撒韦的商业模式。董事会在评估伯克希尔·哈撒韦公司及其各种政策时，也开始研究该公司的人员和做法，涉及的内容包括使命愿景、杠杆管理、资本配置等。与此同时，讲授企业战略管理和竞争优势的大学课程，也开始将伯克希尔·哈撒韦作为案例进行分析。[3]

1998年，坎宁安因为《巴菲特致股东的信》一书接受《福布斯》的采访，这段采访的大标题是"几个简单的字"，[4] 这指的是安全边际（margin of safety），这几个字道出了巴菲特最重要的投资哲学。几十年以后，最能阐明伯克希尔·哈撒韦管理理念的"几个简单的字"则是——信任边际（margin of trust），与安全边际有异曲同工之妙。

安全边际教导投资者以远低于企业内在价值的价格进行投资，这种罕见的情况是可遇而不可求的，当投资者碰到这种情况时，就有理由买入。类似地，信任边际教导企业和管理者与那些值得信任的人建立联系，这种情况也是可遇而不可求的。因此，当发现值得信任的人时，必须高度信任他们。

巴菲特认为，信任很难获得，对于银行家、经纪人和金融机构来说更是如此。正因如此，他和伯克希尔·哈撒韦总是尽量避免中间人的介入。他们会亲自物色收购对象，而不是聘请经纪人，并且会从公司内部筹集资金，主要是借助保险浮存金，而非通过第三方借款。一旦伯克希尔·哈撒韦公司和巴菲特找到了自己信任的人，无论是并购伙伴还是公司经理人，他们都会给予高度信任，并且会赋予被收购企业的管理人员极大的自主经营权。这也是伯克希尔·哈撒韦公司在进行收购时，很少进行尽职调查的原因。

许多人认为伯克希尔·哈撒韦和巴菲特是特立独行的存在，并非可以效仿的典范，但是这种直觉并不完全正确。确实，只有傻瓜才会想要向世人证明巴菲特的摹本，或是再建一个巴菲特曾创下的辉煌组织。在某种程度上，它是由相互交织的特质构成的独一无二的统一集合，包括个性特征和运气成分，这些最能解释其成功的原因。[5]

尽管如此，其中的很多原则还是提供了一套灵活的框架，在伯克希尔·哈撒韦以外的很多场景中同样适用。关键在于理解这些广义的原则，特别是信任这一概念及其深层含义，然后找到应用的方法。

就伯克希尔·哈撒韦公司而言，其与众不同的管理原则就是自治和分权。所有的经营权力都从母公司转移到子公司的CEO（首席执行官）手中，同样，这些CEO通常也会将权力下放给与相关产品、市场或者客户关系最密切的同事。

研究表明，信任是一种强大的动力，自治比控制更能提升企业的价值。商业管理领域的研究人员向我们揭示出，基于信任的企业文化可以成为一种竞争优势。[6]

企业管理大师们一直在强调，自治文化能让员工各司其职，而不是一味关注是否符合上意；可以收获更有效的领导力、更低的管理成本以及其他的企业效能，从而增加竞争优势。最终，自然会取得最佳成效和收益。[7]

如今，像伯克希尔·哈撒韦这样的大型跨国企业，必须应对其竞争优势［巴菲特称之为"护城河"（moats）］所受到的威胁。这些竞争优势的形式多种多样，从传统的品牌实力到现代化的平台网络，但无论是哪种形式，都是因为企业对市场、商业模式和分销渠道具有主导地位。保护这些"护城河"从而保持市场领先地位，需要企业在应对颠覆性的竞争对手和技术时，保持高效率、创新力和适应力。[8]

现代大型企业的结构——其标志性特征就是层级制度和严重依赖内部管控——可能阻碍企业应对此类挑战。然而，伯克希尔·哈撒韦捍卫"护城河"的秘诀在于，其内部组织结构更为灵活，这是目前盛行的严格按照层级进行管控的企业模式所难以企及的。

　　当然，伯克希尔·哈撒韦模式也会带来挑战，主要是源自太过信任不值得信任的人——滥用自主权的经理人，或是不够信任他人，例如，没有聘请能够辨识陷阱的收购顾问。外部压力则是源自与众不同：其他公司都严重依赖层级制度、内部管控以及外部顾问等，但是伯克希尔·哈撒韦却直接跳过了这些，质疑的媒体和公众就会对其带来的影响大做文章。而且，就伯克希尔·哈撒韦的规模来说，反对者会怀疑的不仅仅是其规模是否妨碍了公司的业绩，不能做到远超平均水平，而且会怀疑这种直接跳过一切的做法是否会在无形之中让公司的成本增加。

　　然而，在拥护信任这方面，伯克希尔·哈撒韦和巴菲特绝非个例。基于信任的文化，以及自治和分权等带来的影响，在保险公司当中也频频出现，在这些公司中，信任似乎是其商业模式的重要特征。随便举几个对类似的企业文化引以为傲的例子：阿勒格尼保险公司（Alleghany Corporation）、费尔法克斯金融公司（Fairfax Financial Holdings Ltd.），以及马克尔公司（Markel Corporation）。

　　伯克希尔·哈撒韦的经营方法，表现出很多与巴菲特相关的公司才有的特点。早在几十年前就有这样的公司了，比如托马斯·墨菲领导的大都会通信公司／美国广播公司（Capital Cities/ABC），墨菲本人多年来一直是伯克希尔·哈撒韦的董事。此外还有当代的典范，例如马蒙集团（Marmon Group），该集团 30 年来一直由普利兹克家族及其接班人掌管，直到 10 年前被伯克希尔·哈撒韦公司收购。

但最重要的是外部对伯克希尔·哈撒韦的组织架构的兴趣渐浓。各种非保险类公司，例如星座软件公司（Constellation Software）、丹纳赫集团（Danaher Corporation）以及伊利诺伊机械公司（Illinois Tool Works）等，越发清楚地认识到这种商业模式具体在哪些方面对于维持公司的繁荣发展至关重要。

伯克希尔·哈撒韦公司的自成一派始于值得信任的人——经理人、董事和股东，以及能够体现并增强这种信任的各种具体的公司实践，例如热情洋溢的交流和庆典性的聚会，以及管理方法、在收购方面的快速决策、自主的分权经营和永久持有公司。

……

实际上有一个具体的案例体现了伯克希尔·哈撒韦商业模式的所有主要原则，包括对顾问网络的信任。这个案例就是伯克希尔·哈撒韦在 2015 年收购德国摩托车装备和服装供应商德特勒夫·路易斯摩托车销售公司（Detlev Louis Motorradvertriebs GmbH，以下简称路易斯公司）。

从 1985 年起，伯克希尔·哈撒韦公司就明确表示了它在物色收购对象时看重的是什么：简单的业务、持续的盈利能力、稳定的无杠杆股本回报和值得信任的管理层。

家族企业向来颇受伯克希尔·哈撒韦的青睐。这几十年来伯克希尔·哈撒韦所收购的公司，从所属行业、业务以及结构上来看，都是多种多样的。不过，所有的公司都满足以上几个标准，有共同的价值观，例如正直、自治和耐心等。

就规模而言，能达到其标准的公司，最小的规模通常年收入也要达到 7 500 万美元。伯克希尔·哈撒韦更加青睐行业中位居前列的公司——收购领域把这种公司称为"大象"，不过在首次进军欧洲市场时，伯克希尔·哈撒韦出乎意料地反其道而行之，因为路易斯公司的规模只有伯克希尔·哈撒韦的常规标准中"最小规模"的一半。

但是其他所有标准，路易斯公司都满足。该公司创立于1938 年，创始人是德特勒夫·路易斯，他本人是一位很有开创精神的摩托车赛车手，该公司一开始只是一家摩托车销售维修店。截止到 20 世纪 60 年代，该公司已经发展成德国最大的摩托车业务公司。那时摩托车文化正方兴未艾，从丹尼斯·霍珀和彼得·方达主演的电影《逍遥骑士》及其同类影片中可见一斑。

路易斯公司通过一份邮购目录扩大了自己的客户群和销售范围。此外，该公司还提供配套产品，例如皮带、靴子、头盔以及护目镜等。进入 20 世纪 70 年代，随着新的商业伙伴京特·阿尔布雷希特的加入，该公司在两大业务领域更上一层楼：

扩大实体店的规模，同时增加邮购业务。

到了 20 世纪 80 年代，德特勒夫的妻子乌特·路易斯以及他们的儿子斯特凡·路易斯也加入了公司，这个团队又把公司的业务提升到了一个新的水平：构建覆盖德国全境的店铺网。1981 年，从汉诺威开始，他们先后在柏林、杜塞尔多夫以及雷根斯堡等城市开设店铺，截止到 1989 年，路易斯公司经营的店铺总数达到 18 家。

1986 年，该公司的邮购业务进一步发展壮大，推出了种类齐全、长达 357 页的配件和服饰商品邮购目录，其中一些是在乌特的帮助下在公司内部设计完成的。公司规模的扩大需要有配套的经营，1991 年，路易斯公司在汉堡建立了一个庞大的物流中心，到处都是自动化的设备和传送装置。

为了能进一步巩固自身优势，1996 年，路易斯公司把摩托车销售业务剥离出来，集中整个公司的资源来推销服饰和摩托车配件。当年，邮购目录已经增加到 600 页。1997 年，路易斯公司开始经营线上业务，把整个欧洲的客户群都吸引到了自己的网站上，此时不断扩张的产品系列已涵盖 3 万余种产品，包括日常的摩托车维修配件，例如刹车片和后视镜，还有发动机油等。

21 世纪初，路易斯公司保持了稳定的销售增长，在短短 6 年的时间内，实现了体量翻倍。伴随着如此迅猛的增长速度，公司同时增加了相应的物流设施。此外，连锁店数量也在不断增多——在 4 个国家有超过 80 家店铺，销售业绩节节攀升，不过公司超过 2/3 的订单都来自线上。从 2002 年起，公司开设路易斯学院，主要用于员工培训，现在接受培训的人员数量已经达到了几千名。

总体来讲，路易斯公司在几乎无负债的前提下创造了庞大的现金流，各项财务指标都十分亮眼：哪怕是在 2008 年以后整个欧洲进入经济衰退期，该公司仍旧保持了 2.5 亿美元左右的稳定年收入；营业利润率接近 20%，令人惊叹；净资产收益率超过 30%，堪称强劲。

路易斯公司保持了稳定持续的销售增长，并顺利进军网络零售领域，这成功体现了显著的品牌优势。这种品牌优势说明该公司有良好的渗透能力：在特定的欧洲城市通过增设店铺的战略，使公司业务在德国和奥地利以外的地方有所发展，并开拓更广阔的线上业务，从而进军美国和日本市场。

路易斯公司的业绩反映出一定程度的逆流而上。其中一个重要原因在于，该公司的产品科技含量低，所以公司业务在易于理解的同时也避免了技术颠覆或淘汰的风险。相比典型的消费品公司，路易斯公司的市场周期似乎也更短，特别是从它放弃了摩托车销售业务，专注于销售服饰和摩托车配件等必需品以后。

路易斯公司在前向整合策略方面非常成功——先是设计制造产品，特别是服饰，随后通过实体店、邮购以及网络等多种途径推销所有产品。规模意味着在有持续的营收增长和净资产收益率不断提升的同时，资金占用费的增长是递减的。公司对员工和消费者的优待换来了宝贵的忠诚：重视员工这一点在其培训学院中体现得十分明显，而重视消费者则可以从其稳定扩张的产品系列中看出端倪。

最后一项竞争优势是"低调带来的安全感"（security of obscurity）：路易斯公司是在一个小众利基市场中运行的，这个市场不大可能吸引很多大型的、强劲的竞争对手同台竞技。主要的竞争者无非就是摩托车制造商，比如哈雷戴维森或者雅马哈。但是最吸引这些公司的商机还是新摩托车的销售，而不是在专用配件和零部件业务上拼命竞争。实际上，这些公司还从路易斯公司的特立独行中获益了，因为路易斯公司的存在恰恰巩固了骑行者文化。

2012 年，德特勒夫·路易斯去世，把这样一个蒸蒸日上的公司留给了自己的妻子乌特。在考虑出售路易斯公司这样的家族企业时，一般有几个选择，第一个选择就是把摩托车制造商当作战略性买家。但是在德特勒夫去世以后的两年中，并没有达成这样的交易，这表明双方缺乏共同利益。[9]第二个选择就是财务投资者，例如私募股权公司。对于这类买家来说，按照其常见的套路，路易斯公司的确算得上是一个非常诱人的目标，但它们的做法可能会引起乌特·路易斯的反感。

假如一家私募股权公司收购了路易斯公司，它接下来会怎么做呢？常见的做法如下。

- 降低成本，可能会关闭培训学院，精简员工，减少流转缓慢的产品的库存。
- 利用实体店进行房地产变现，例如实行售后回租，将现金收益当作分红进行分配，同时坚持固定成本的结构。
- 大量借贷——与路易斯公司原始的资产负债表截然不同——追求快速扩张，在整个欧洲开设新店。
- 把总部从德国搬到类似列支敦士登或卢森堡等避税天堂。

当然，假如按照这个剧情发展，可能就意味着买家收购完毕后就会部署新的管理团队（哪怕路易斯公司的团队都是很有经验的老手），最终在几年内卖掉公司来变现。

然而，伯克希尔·哈撒韦开出的条件，从各方面看都与这个剧情相去甚远。[10] 乌特的财务顾问齐波拉·库普费尔贝格联系了一名美国的财务顾问，后者的父亲是巴菲特多年的老朋友，巴菲特向乌特·路易斯介绍了伯克希尔·哈撒韦对收购公司的选拔标准，并做出坚定不移的承诺：维持公司现有的运作、人员、战略以及资本结构，总部所在地保持不变，保留现有的管理团队，并将努力做到永久持有这家公司。

因为有这种承诺当作补偿，所以卖给伯克希尔·哈撒韦的公司通常愿意接受更低的现金价格。伯克希尔·哈撒韦要求卖家自己给出一个价格，然后由它选择接受还是拒绝。针对路易斯公司，以现金支付的收购总价大概是 4.5 亿美元，这算是伯克希尔·哈撒韦常规的收购做法，毕竟伯克希尔·哈撒韦的股票本身太优质了。这个价格大约是销售额的 1.5 倍，账面价值的 4 倍，净利润的 10 倍。然而，这个价格其实是低于同类上市公司的估值的。考虑到路易斯公司抢眼的净资产收益率和潜在的销售增长机会，伯克希尔·哈撒韦的收购价没什么溢价，基本公允。[11]

伯克希尔·哈撒韦主要关注的是一家公司是否足够契合它的理念和品质，而并不在意公司具体的业务范围。政府员工保险公司（GEICO）是伯克希尔·哈撒韦旗下一家很知名的公司，该公司出售摩托车保险。2008 年金融危机期间，伯克希尔·哈撒韦曾向哈雷戴维森公司大量投资，最近伯克希尔·哈撒韦又收购了一家美国的大型汽车交易公司。但是所有这些都纯属巧合，与收购路易斯公司毫不相干。

然而，潜在的卖家肯定会担心与伯克希尔·哈撒韦的业务重叠可能会让公平竞争委员会心存疑虑。对于路易斯公司而言，伯克希尔·哈撒韦旗下也有服装公司，例如布鲁克斯跑鞋公司（Brooks Running Shoes Co.）和鲜果布衣公司，所以有这种担心也不无道理，但是欧洲的监管部门并没有发现任何限制竞争的问题。[12]

为什么这家热衷收购的大型企业集团一直到最近才越过大西洋来为自己物色全资子公司呢？伯克希尔·哈撒韦长期盘踞美国主要有两个原因：它的能力圈和被动的收购战略。巴菲特只投资他了解的东西——主要是公司和经理人，单就这方面而言，巴菲特对美国以外的地方的了解其实不是太多。但还是有一些先例的，例如通用再保险公司，这是一家在德国和英国存在感都很强的国际化保险公司；另外，巴菲特在德国的慕尼黑再保险公司和法国制药企业赛诺菲中都有很可观的少数股份；并且已经在以色列的伊斯卡金属切削集团持股将近 10 年，该公司就有欧洲业务。

更重要的是，伯克希尔·哈撒韦的收购惯例一直都是坐等卖家上门，而不是去主动寻找卖家。这样一种战略就必定需要有在美国以外建立起来的各式各样的推介网络。幸运的是，就路易斯公司这笔交易而言，库普费尔贝格对伯克希尔·哈撒韦的名声早有耳闻，而巴菲特又很相信牵线的人。正如巴菲特所言："这是强迫不了的：公司所有者在考虑出售时必须要经过深思熟虑。"[13]

……

对于伯克希尔·哈撒韦的收购来说，这种深思熟虑必须是相互的，信任也必须是相互的。最重要的是，信任是伯克希尔·哈撒韦一以贯之的组织原则。本书把过去几年间所记录的各种观察汇总到一起，正是这些观察让我们清楚地认识到了这一点。[14]全书共分为四个部分。

- 第一部分阐述了伯克希尔·哈撒韦公司以信任为基石的组织文化：伯克希尔·哈撒韦的人员结构、管理角色、合伙制关系和经营方法。

- 第二部分从基于信任这一视角出发，聚焦伯克希尔·哈撒韦管理模式的三个方面：商业协议、公司董事会和内部管控。

- 第三部分采用对比和比较的方法，阐明了伯克希尔·哈撒韦的商业模式：首先将之与股东激进主义和私募股权进行对比，然后又与若干特定企业的组织结构进行了比较。

- 第四部分分析了这种管理模式可能面临的挑战，以及解决这些挑战的方法，包括在信任方面出错的风险，以及公众认知等方面的问题。

具体而言，第 1 章介绍了各种参与者——高管、董事、股东以及经理人——在伯克希尔·哈撒韦扮演各不相同的角色。这些人在以巴菲特为首的治理架构中工作，巴菲特是控股股东，于 1965 年正式创建了这家公司，并且从 1970 年起一直担任公司的董事会主席和 CEO。

伯克希尔·哈撒韦的正式管理层是由巴菲特一手挑选的董事——他的朋友和家人——所组成的董事会，让这些人最引以为傲的是，他们的身份是值得诸位股东信任的管家，而非公司管理的监督者。伯克希尔·哈撒韦的股东十分支持公司这种不同寻常的做法，他们信任巴菲特和公司的经理人团队，从冷静、睿智的副主席查理·芒格，到精明老练的下一代接班人——副主席格雷格·阿贝尔和阿吉特·贾因。

第 2 章讨论了伯克希尔·哈撒韦特有的让参与者团结一致的合伙制公司实践。巴菲特把伯克希尔·哈撒韦看作合伙制公司，他曾经说过："虽然组织形式上是公司制，但我们以合伙制的态度来行事。"合伙制的核心就是信任。伯克希尔·哈撒韦的合伙制态度是从巴菲特创业伊始就一直保留至今的传统：从 1965 年建立伯克希尔·哈撒韦开始，巴菲特就按照合伙制经营公司，伯克希尔·哈撒韦很多当代的股东都是从那个时期起就加入公司的，例如第一曼哈顿（First Manhattan）的戴维·戈特斯曼。

虽然伯克希尔·哈撒韦公司规模庞大，但巴菲特还是成功通过种种实践让这种合伙制精神传遍整个公司，例如优质的"致股东的信"以及公司年会，让股东参与公司的各种事务，从慈善捐赠到公司的分红政策。伯克希尔·哈撒韦的绝大多数股东都对此给予了回报：他们参与其中，关注并了解公司；集中投资伯克希尔·哈撒韦的股票并长期持有；表现得如同公司的所有者与合伙人一般，很少有短线股票交易者或分散经营的指数型投资者。

第 3 章回顾了公司管理方法，伯克希尔·哈撒韦在过去半个世纪通过各种收购和投资不断发展，如今已经成长为一个市值 5 000 亿美元的大型企业集团。公司很少借贷，很少会聘请商业经纪人来物色收购目标，也很少聘请投行专家做顾问。

一旦收购一家公司，伯克希尔·哈撒韦就会把被收购的对象全权委托给该机构的负责人，让他们自行管理公司的业务，无须跟母公司的管理人员进行对接。正是因为这个原因，一家公司若想被伯克希尔·哈撒韦收购，就必须要有值得信任的管理层。这种去集权化的模式不会涉及美国企业界盛行的分级管控的体系，因此就慢慢培养出了一种基于信任的管家式文化。

伯克希尔·哈撒韦的这种偏好从某种程度上折射出其对金融中介的可信度心存怀疑，更重要的是，它反映出伯克希尔·哈撒韦反而更加相信被收购的公司可以自力更生。

至此进入本书的第二部分，罗纳德·里根在与苏联谈判时有一句名言："信任，但要核查。"巴菲特也不是傻瓜，他认可信任需要以核查为前提。尽管有这种实用主义的倾向，但是在三种经常发生的重要情境中，相比其他公司的常规做法，巴菲特还是更加倚重信任，这三种情境即商业协议、董事会以及内部事务。

第 4 章探讨了信任在交易促成过程中发挥的关键作用。虽然当下美国企业界比较流行的做法是依托正式的法律合约，但巴菲特更加青睐握手和简单的非正式协议。伯克希尔·哈撒韦早期以及最近的一些收购和雇佣协议，就体现了这种偏好，法律法规的表述与交易的精神形成了鲜明的对比。

第 5 章聚焦巴菲特与董事会打交道的丰富经验，他简单明了地列出了所有董事必须遵循的原则。第一条原则最为重要，其余所有原则加起来都不如这一条重要：选择一位优秀的、值得信任的 CEO，不要妨碍他的工作。还有另外一条特别的建议：就当公司背后有一个因事未出席的大股东一样，[①] 这样的董事才是最优秀的、最值得信任的。

第 6 章对比了基于信任的企业文化与"指挥 + 管控"的企业文化之间的不同。这种模式强调基于信任的企业文化在相对较小的范围内通常更加有效，而在相对较大的组织内，可以通过分权和分割取得同样的效果。伯克希尔·哈撒韦向往的是巴菲特所谓"心向所有者"的企业文化，薪酬和其他激励有助于培养这种文化。

第三部分结合背景分析伯克希尔·哈撒韦，把它与对手的模式进行对比，同时也与一些遵循类似方法的模式进行比较。

第 7 章便是呈现这种反差。首先，股东激进主义通常是带有对立情绪的，而且经常会侵蚀信任，但是巴菲特作为投资人培养了一种独特的偏好，更青睐合作性的协议，从中建立信任。从 20 世纪 80 年代以"白衣骑士"的身份对企业注资，到 2008 年

---

① 出自 2002 年的巴菲特"致股东的信"，巴菲特表示："我认为董事的行为举止，应该要像公司背后有一个因事未出席的大股东一样，在各种情况下，都要能够确保这位虚拟大股东的长期利益不会受到损害。"——译者注

作为信贷命脉进行的投资，经理人知道他们可以信任巴菲特这样一位投资人，而作为回报，他们给出了极其优惠的交易条件。

其次，私募股权这种投资模式跟伯克希尔·哈撒韦的模式在几个维度上有显著不同：前者利用杠杆，十分依赖金融中介，而信任是不在其考虑范围内的；它对公司管理的干涉甚多，实际上根本就没有获得始于信任的真正顺从；它追求的是尽快退出，不相信长期价值，并不真正在乎它所收购的公司，轻易就会转手。

第8章比较了伯克希尔·哈撒韦和其他同类型的公司，特别是保险公司和大型企业集团。每一家公司都是独特的，它们会效仿伯克希尔·哈撒韦的经营模式，但是会根据自己的需求进行微调。尽管这些公司各不相同，但它们都对"把信任作为组织的经营信条"这一点深信不疑。

第四部分转而开始讨论基于信任模式所面临的挑战。第9章回顾了一些主要的风险。第一个风险是过分信任某些人，对其他人则极其不信任。误信管理层是基于信任的组织面临的最大祸患——伯克希尔·哈撒韦确实经历过这种情况，但是比较罕见。

第二个风险是不够信任外部的顾问。伯克希尔·哈撒韦碰到过这样的情况，问题显而易见，它收购了一家公司，但是没有发现公司中存在一些问题，而传统的尽职调查其实是可以找出这些问题的。最终的结论就是，要在信任他人和自力更生之间不断地寻找平衡点。

第10章和第11章探讨了企业规模的两个层面。一方面（第

10 章中有讨论）是关于类似伯克希尔·哈撒韦这样的大型、多元化的公司，如何能做到在公众和媒体看来就像是大型企业集团，但是其内部却分割成大量的更小的组织单元；一个大型企业集团如何能够把公众过多的注意力吸引到自己单独的机构上来；各个分而治之的机构如何能够应对这种公众的监督，这是很有指导意义的。

另一方面（第 11 章中有讨论）则更为宽泛。长期以来，美国的公众对大型企业集团是持怀疑态度的，可能初衷是好的。许多大型企业集团，甚至是那些比伯克希尔·哈撒韦小得多的公司为此面临很多挑战。但是，通过强调自主经营的分权模式，是可以减少这种怀疑的。

第 12 章探究了信任在公司继任过程中所发挥的作用。伯克希尔·哈撒韦采用了人们能想象到的最错综复杂的接班计划，用多个人物来分饰巴菲特的多重角色。巴菲特已经为自己类似 CEO、董事会主席、首席投资官以及控股股东等角色找到了接班人。虽然有这样精心的谋划，但有效的公司继任还是要基于信任，特别是股东对伯克希尔·哈撒韦的商业模式有始终如一的信任。

尾声带有一种戏剧化的论调，强调无论是谁，一旦辜负了巴菲特的信任，都会遭到无情的打击。如果信任在伯克希尔·哈撒韦模式中堪比"胡萝卜"，那么无情就如同"大棒"。虽然基于信任的模式在很大程度上是靠自律的，但巴菲特又辅以严厉的警告，哪怕是很小的让其失望的行为，他都绝不姑息。他曾发表过一次令人不寒而栗的演讲，其中有这样一句名言："让公司亏钱，我可以理解；但如果给公司的名誉带来丝毫损失，我将会毫不留情。"[15]

在最终的结论部分，我们通过 2011 年伯克希尔·哈撒韦的高管戴维·索科尔的一次公众事件，来描述对毫不留情的定义。索科尔所违反的规定，主要是证券交易的"技术"问题，这相对其所付出的代价可谓不值一提。索科尔因此结束了自己在伯克希尔·哈撒韦的职业生涯，而且此事还被大肆报道。虽然执法人员选择了不予追究，但是伯克希尔·哈撒韦却将之作为了一个反面典型。

……

在某种程度上，伯克希尔·哈撒韦公司是复杂的，我们甚至戏称，其企业文化的丰富程度不亚于让人叹为观止的土星光环。但是正如价值投资这个广袤的领域其实用"安全边际"几个字就能概括一样，我们相信这种宏大的管理哲学也可以用"信任边际"这几个字来归纳。同时我们相信，这一简单的概念，连同围绕它展开的热烈讨论，将为企业界所有经理人和股东贡献一些独到的见解。

第一部分
基　石

第 1 章　参与者

　　1956 年, 26 岁的沃伦·巴菲特成立了一家合伙制投资公司，专门收购中小企业和入股大型企业。1965 年，该公司获得了伯克希尔·哈撒韦股份有限公司的控制权，这是一家日薄西山的纺织品制造商，同时也是一家上市公司。很快巴菲特的合伙制公司就解散了，伯克希尔·哈撒韦的股权也被分配给了各位合伙人。

　　今天的伯克希尔·哈撒韦公司就此诞生。伯克希尔·哈撒韦继续入股各种各样的企业，包括保险企业、制造企业、金融企业以及报纸企业等。尽管伯克希尔·哈撒韦从合伙制转为了公司制，但巴菲特保留了公司的合伙人意识。这一精神在伯克希尔·哈撒韦的《股东手册》(Owner's Manual) 中有所体现。这本小册子共计有 15 条内容，第一条是："虽然组织形式上是公司制，但我们以合伙制的态度来行事。"在典型的上市公司中，股份所有权与管理控制及相关代理成本是两相分割的。[1] 而伯克希尔·哈撒韦则恰恰相反。从 1965 年起巴菲特就一直担任伯克希尔·哈撒韦的控股股东。他一开始持有 45% 的公司表决权和经济权益；自 21 世纪初，他每年定期进行股份转让，用于慈善事业，逐步减少了自己的股权。

许多旨在控制上市公司代理成本的制度，例如由独立的董事会进行强有力的监督，在伯克希尔·哈撒韦失去了存在的必要。控股股东的存在，或许会为中小股东带来另一种代理成本，但是巴菲特恰恰避免了这类费用的产生。

从 1970 年起，巴菲特就一直担任伯克希尔·哈撒韦唯一的 CEO 和董事会主席。这样的"超长待机"是独一无二的——现代大多数企业的 CEO 的任期都要短得多，超长任期意味着巴菲特能够在企业当中留下一些看似不可磨灭的印记。一些公司和倡议者都提倡对高层员工的年龄以及董事的任期设限，但恰恰是巴菲特在这两个职位上的"超长待机"，使伯克希尔·哈撒韦的股东大为获益。

巴菲特对合伙制的态度，本身就体现出了极大的信任。伯克希尔·哈撒韦的《股东手册》，也是公司基本的运行准则声明，其中明确写道："我们并不是将公司本身看作资产的最终所有者，而是认为公司仅仅是我们的股东持有资产的一个渠道。"这种常被外界诟病为"激进"的观点，令公司面纱（the corporate veil）土崩瓦解。[2]

虽然公司法将股东定义为资产扣除负债后的剩余权益的所有者，但巴菲特却将股东视为整个伯克希尔·哈撒韦的所有人。巴菲特认为，合伙制的观念意味着包括他自己在内的所有管理者，都是为股东资本服务的管家，所承担的义务要高于法律所规定的标准——这是一个很高的标准，正如本杰明·卡多佐所言，合伙人要对彼此负责："应该在最敏感的细节处恪守荣誉感。"[3]

在践行这一标准时，巴菲特对伯克希尔·哈撒韦的其他股东秉承的是"推己及人"的原则。例如在信息披露中，他会坦率地解释公司的决策或者承认错误，并将对伯克希尔·哈撒韦的企业文化有决定性意义的重大事件记录在册——全都符合平等的合伙人而非公司 CEO 的风格。[4]巴菲特亲自起草伯克希尔·哈撒韦的"致股东的信"，而不是借助公关专业人士之手，在其主持举办的伯克希尔·哈撒韦年会上，他可以连续六个小时不间断地为股东答疑解惑。

伯克希尔·哈撒韦的政策，以及巴菲特对这些政策的解释，旨在吸引那些对伯克希尔·哈撒韦的商业模式抱持相同理念且重视信任的股东和企业主。

二号人物：查理·芒格

查理·芒格是巴菲特最好的朋友和商业伙伴，两人相识于 20 世纪 60 年代。1978 年，芒格成为伯克希尔·哈撒韦的董事会副主席。巴菲特表示，这些年来，芒格为公司贡献了巨大的价值——多达几十亿美元的价值。作为巴菲特的智囊和心腹，芒格堪称巴菲特的镜鉴：如果芒格对某个提议表示反对，那么公司多半会遵从他的意见。

他们两人之间的配合之所以能如此天衣无缝，第一点在于两人有共同的信仰：信任对商业和企业兴衰至关重要。两人都相信类似诚信、守约等品质，这也是巴菲特–芒格这对搭档能够无往而不胜的原因之一。

第二点在于两人在性情、态度以及见识等方面的互补。虽然两人的关系有这般种种不寻常之处，但类似的商界优秀搭档却并没有如很多人所想的那般少见。经典的例子包括大都会通信公司／美国广播公司的托马斯·墨菲和丹尼尔·伯克，以及华特迪士尼公司的富兰克林·韦尔斯和迈克尔·艾斯纳。

在艾斯纳所著的《共事》（*Working Together*）一书中，他描述了自己跟韦尔斯一起工作的经历，将之称作"1 + 1 = 3"。[5] 伯克希尔·哈撒韦和其子公司一直都十分认可这种二人领导组的影响力。近期，出于长远打算，伯克希尔·哈撒韦又推选了另外两位在公司工作多年的经理人担任董事会成员，并任命他们为董事会副主席。

副主席：格雷格·阿贝尔和阿吉特·贾因

2018 年，按照公司的继任规划，伯克希尔·哈撒韦的董事会推选两位资深的公司高管——格雷格·阿贝尔和阿吉特·贾因为公司的董事会成员，并任命二人为董事会副主席。1986年，巴菲特聘请贾因担任保险业务主管。虽然贾因当时是初出茅庐，但很快就显露锋芒，为深陷泥沼的保险行业开辟了全新的市场，并同时负责创新产品和核保规则。作为伯克希尔·哈撒韦的副主席，贾因现在负责公司所有的保险业务。

阿贝尔则负责所有的非保险类业务，他是在伯克希尔·哈撒韦1999年收购中美能源公司（如今的伯克希尔·哈撒韦能源公司）时加入公司的。阿贝尔十分擅长资本配置，在收购方面颇有见地，也十分认可自治和分权的原则。虽然整个公司每年的能源业务营业额达到250亿美元，员工多达2.3万名，但是阿贝尔在总部领导的员工总数却始终控制在二十几个人。

精挑细选的董事会成员

巴菲特的主导地位让他能从一开始就提名并且推选伯克希尔·哈撒韦的董事会成员。在此期间，伯克希尔·哈撒韦的董事会开始表现出同今天典型的上市公司大不相同的特点。在最初的几十年里，董事会成员包括巴菲特的妻子苏珊（已故）和他的好友们，而从1993年起，他的儿子霍华德·巴菲特也加入了董事会。这个董事会一直是一个经典的咨询委员会，在20世纪80年代的公司管理革命开始之前，这类董事会在美国十分常见，而今天几乎已经绝迹了。[6]

从 20 世纪 90 年代起，美国公司的管理规则和规范开始发生变化，更加认定董事会的主要职责是监督管理层。这意味着独立的董事会，经常包括一个强势的非执行主席和强硬的监督委员会（负责管理、董事会任命以及 CEO 评审等），由二者共同监督复杂的内部管控系统。

理论上来说，监督委员会代表股东，加强了监管，同时还有股东的代言人从旁协助，例如机构投资者委员会和股东咨询服务部门。这种专门用来控制代理成本的管理体制，是因为明显缺乏信任才出现的。虽然有时的确有效，但是这样一种管理机制在无形之中导致了一种惰性的模式：代理监督代理。在伯克希尔·哈撒韦，这就叫官僚。无论这种机制在其他地方有何优势，它在伯克希尔·哈撒韦是不存在的，而且伯克希尔·哈撒韦的董事会也不能算是监督委员会。[7]

伯克希尔·哈撒韦的董事会遵守有关委员会、独立性和专业技能等必要的法律规定。例如，它的审计委员会成员中就没有巴菲特，因为他作为 CEO，不能被看作"独立的"。该委员会需包含至少一名掌握一定财务知识的成员，并负责监督法律强制规定的内部审计职能。伯克希尔·哈撒韦增加了许多外部董事，也就是说，他们不是员工，没有直接的经济干系。

不过，所有这些人实际上都是巴菲特精心挑选出来的，也都跟巴菲特本人有私交或者职业往来。之所以选择他们，是因为他们正直、有专业知识、心向所有者，以及对伯克希尔·哈

撒韦感兴趣，而不是因为其地位。与此同时，有一半的董事会
成员年龄超过 65 岁，并且大部分人为伯克希尔·哈撒韦服务的
时间都在 10 年以上。如果遵照公司管理大师们设定的年龄限制
和任期限制，那么他们都得被迫离开董事会。

此外，伯克希尔·哈撒韦的董事持有公司的股票——许多
都持有大量股票。他们都是在公开的市场交易中以现金的形式
购买自己的股份的，并非因为获得公司以股票形式给予的薪
酬奖励，而后者在美国的企业界是十分常见的。伯克希尔·哈
撒韦会象征性地给自己的股东支付一定的费用，一般是一次会
议 1 000 美元，而在其他类似规模的公司，董事的象征性费用
则是年均 25 万美元——甚至在小微企业，这笔费用都接近六
位数。[8]

也许最能体现信任的就是伯克希尔·哈撒韦不会为董事购
买责任险，这在美国企业界是闻所未闻的，其背后若没有"公
司或巴菲特本人会承担所有的正当损失"这种合理期待，必定
是做不到的。

作为母公司，伯克希尔·哈撒韦最主要的活动就是资本的
募集和配置，形式通常是大手笔的收购。在绝大多数公司里，
可能是先由 CEO 拟订一个大体的收购方案，然后提请董事会
批准，接着讨论交易条款，再批准资金。在这样的公司安排中，
董事会的职责就是监督公司的执行层。

伯克希尔·哈撒韦的做法却恰恰相反，因此才能够在第一

时间抓住机会。因为如果需要先在董事会讨论后再做决策，那么很可能会与机会失之交臂。[9]伯克希尔·哈撒韦的董事会和公众都知道巴菲特的收购哲学，他可能就大额交易提前跟董事会讨论，然而这种讨论基本停留在概念层面，董事会不会参与任何收购标的的价值评估、交易架构设计或资金拨付甚至审批等。虽然也有少数例外，但通常情况下，在消息正式公开之前，董事会根本不知道有收购这回事。

伯克希尔·哈撒韦通常每年召开两次董事会会议，而不是像其他《财富》世界500强企业那样一年召开8~12次董事会会议。伯克希尔·哈撒韦正式的董事会会议一般会按照常规的商业模式来，近几十年来，几乎每次会议都会讨论公司的接班人计划。

每次开会之前，董事们都会收到由伯克希尔·哈撒韦的内部审计团队出具的一份报告。伯克希尔·哈撒韦的春季董事会会议刚好跟每年5月的股东大会重合。董事们要在公司位于奥马哈的总部待上几天，参加一些社交活动，见见公司的管理人员、各个子公司的经理人以及前来参会的股东。秋季董事会会议在奥马哈或者某个子公司的总部召开，董事们通常有机会见到伯克希尔·哈撒韦某些子公司的CEO，还有一些CEO会做现场汇报，同时跟董事们以及业务单元的负责人交换意见。

用苏珊·德克尔董事的话说，伯克希尔·哈撒韦召开董事会会议更像是为了进行"有效的文化灌输"，具体的事情很可能是在会议室之外探讨的。犬儒主义者可能会说，这样一种环境会带来结构性的偏见，而且会弱化董事独立判断的能力，倡导公司管理的人士近十几年来一直在宣扬这种能力的重要性。[10] 伯克希尔·哈撒韦文化的浸淫，让公司的管理结构变得非常扁平化，这种企业文化让董事始终站在股东的角度上考虑问题。

当代的公司管理结构普遍对信任持怀疑态度，坚持让大量跟 CEO 无关的人加入董事会。虽然伯克希尔·哈撒韦也遵循这些规则，但是董事会却大不相同。除了让巴菲特的妻子加入外，在 1993 年，董事会还接纳了巴菲特的儿子霍华德；1978 年，接纳了巴菲特最好的朋友查理·芒格；1988 年，接纳了巴菲特在奥马哈的商业伙伴小沃尔特·斯科特；1997 年，接纳了罗纳德·奥尔森——芒格、托尔斯 & 奥尔森律师事务所（Munger, Tolles & Olson LLP）的合伙人。伯克希尔·哈撒韦在收购业务以及其他法律事务方面，用到芒格、托尔斯 & 奥尔森律师事务所的地方很多。

2003 年和 2004 年，伯克希尔·哈撒韦的董事会进行了扩充，引入了几位长期的商业伙伴和朋友（见表 1.1）。这些新的董事会成员包括可口可乐公司的资深高管唐纳德·基奥，伯克希尔·哈撒韦拥有可口可乐公司很大一部分股票头寸；另外一位新董事是伯克希尔·哈撒韦的投资人，一直在大都会通信公司 / 美国广播公司担任 CEO 的托马斯·墨菲。其他新加入的成员也包括一些巴菲特的老朋友，例如戴维·戈特斯曼，一位纽约的投资人，早在 1962 年，他和巴菲特就是朋友了；以及比尔·盖茨，微软公司的创始人，从 1991 年至今，他和巴菲特有几十年的交情了。

表1.1　伯克希尔·哈撒韦的现有董事

	出生时间（年）	加入董事会时间（年）	与巴菲特的关系	职务
沃伦·巴菲特	1930	1965		主席兼 CEO
查理·芒格	1924	1978	合伙人	副主席
小沃尔特·斯科特	1931	1988	朋友	
霍华德·巴菲特	1954	1993	儿子	
罗纳德·奥尔森	1941	1997	律师	
戴维·戈特斯曼	1926	2003	朋友	
托马斯·墨菲	1925	2003	朋友	
夏洛特·盖曼	1956	2003		
比尔·盖茨	1955	2004	朋友	
苏珊·德克尔	1962	2007		
斯特凡·伯克	1958	2009		
梅里尔·威特默	1962	2013	股东	
阿吉特·贾因	1951	2018	执行董事	副主席
格雷格·阿贝尔	1962	2018	执行董事	副主席

若是比较伯克希尔·哈撒韦各位董事所掌握的公司股份，首先要提到的是戴维·戈特斯曼，几十年来他持有伯克希尔·哈撒韦多达 3% 的股份，算得上是很大一部分了——相当

于他和他的公司投资组合的 1/4。比尔·盖茨次之，他有大量的
个人股份，同时比尔及梅琳达·盖茨基金会也有很大一部分股
份，这也多亏了巴菲特近年来向慈善事业捐赠股份。其他类似
的董事通常是持有对个人来说数额巨大的股份，比较知名的有
托马斯·墨菲和梅里尔·威特默［鹰资本（Eagle Capital）公司
的管理合伙人］。阿吉特·贾因披露，在他担任副主席并入选董
事会的第二年，以现金形式购入了大约 2 000 万美元的伯克希
尔·哈撒韦股票。

"既专情又长情"的所有者

伯克希尔·哈撒韦的股东也都不寻常。他们十分支持把伯
克希尔·哈撒韦看作合伙制这种观点。他们相信自己是公司的
所有者，而且伯克希尔·哈撒韦不存在公司面纱，没有监督委
员会，没有其他公司常见的官僚或上下层级之分，他们对此十
分满意。伯克希尔·哈撒韦的诸位公司所有者，更像是私企当
中的合伙人而非上市公司的股东，互信才是他们彼此之间的黏
合剂。

那么到底是什么让这些股东如此特别呢？重要的一点是，
伯克希尔·哈撒韦的股份一直都是由个人而非机构所主导的。
1965 年，个人投资者掌握了美国 80% 的公司股票，机构投资者
持有 20%；如今，对于大公司而言，这两个数字恰好颠倒了。[11]

相比之下，在伯克希尔·哈撒韦，这些数字还是跟 1965 年的结果很接近。

巴菲特的个人股份占比仍然很有影响力，虽然不再是绝对控股了，因为他一直都在向慈善组织转让自己的股份。除了巴菲特这一部分外，个人投资者控制了伯克希尔·哈撒韦 40% 的经济权益和投票权，因此机构投资者在伯克希尔·哈撒韦的地位远不及其在美国企业界其他公司的地位。

在今天的多数大公司中，不断变换却始终千人一面的金融巨头们持有很多股份——超过 5%，以至他们的股份总和，远远超过其他所有人的股份。在伯克希尔·哈撒韦，只有巴菲特拥有 5% 的优质 A 类股，而且只有一家巨头（富达投资集团）比较接近这一比例。

就 B 类股而言，只有少数巨型企业的持股超过了 5%，合计控股占到 B 类股的 20% 以上。不过，考虑到 B 类股的投票权较低，这个占比合计不到总投票权的 5%。它们的投资原则是程式化的：因为贝莱德集团、道富集团和先锋领航集团这三个巨头掌控的标准普尔指数基金，才有了持 B 类股的必要。（我们会在第 2 章中详细讨论更多伯克希尔·哈撒韦的 A 类股和 B 类股结构。）

对于伯克希尔·哈撒韦来说，比较重要的机构所有者是已经持有伯克希尔·哈撒韦的股份长达几十年的精品机构。它们的声誉跟伯克希尔·哈撒韦本身息息相关，而且很多都是面向

家族企业的。从 20 世纪 70 年代起,机构所有者的行列中就有
了戴维斯基金(Davis Funds)、第一曼哈顿以及鲁安·切尼夫
的红杉基金(Sequoia Fund)——执掌这些机构的都是巴菲特的
朋友及伯克希尔·哈撒韦的支持者。从 20 世纪 80 年代起,著
名的价值型投资机构,例如阿克尔资本管理公司(Akre Capital
Management)、加德纳·拉索 & 加德纳公司(Gardner Russo &
Gardner)以及马克尔公司,也都拥有了伯克希尔·哈撒韦很大
一部分股份。

在评估机构的表现时,通常要么衡量其税前收入,要么这
些机构本身就是免税的,例如基金会和养老基金,这些机构掌
握了美国的大多数资本。然而,典型的伯克希尔·哈撒韦股东,
包括所有的董事和经理人,都是纳税的,也都有税收意识。

这一差异有助于解释伯克希尔·哈撒韦不同寻常的分红历
史。虽然大多数的上市公司都会定期进行分红,这也是股东们
很喜欢的做法,但是伯克希尔·哈撒韦自从 1967 年起就没有进
行过一次分红,而且 2014 年时,股东们对分红这一政策投了压
倒性的反对票。

为什么?一部分原因是,伯克希尔·哈撒韦一直以来都把
所有的利润进行再投资,直到利润中的每一美元都转化为对应
市场价值的盈利。但同样重要的是,分红提高了大多数伯克希
尔·哈撒韦股东的应税收入。伯克希尔·哈撒韦通过把税前的
款项用于重新投资,提升了税后的回报——早些年的提升是巨

额的，但即使在今天，考虑到伯克希尔·哈撒韦如此庞大的体量，这种提升还是很可观的。连年都是如此，资本以更快的速度累积，为股东们积累了更多的财富，这比伯克希尔·哈撒韦选择分红所创造的财富更多。

为了分散其风险，典型的机构投资者都会避免对一家或多家公司进行集中投资。例如，在公开披露股份的持股机构当中，前100家蓝筹上市公司，像苹果、埃克森美孚或者沃尔玛，很少会把投资组合的5%以上单独给到某一家公司。

相比之下，很多伯克希尔·哈撒韦的股东都会集中投资该公司的股票，具体来说就是，前100名公开披露持有A类股的所有者，有一半把投资组合的5%用于购买伯克希尔·哈撒韦的股票，包括巴菲特和其他几个知名的个人以及精品机构。十几个最大的B类股持有人也是这样进行集中投资的。

显而易见，许多持有伯克希尔·哈撒韦股份的个人都把自己最大的一笔资产投给了这家公司。成百上千的伯克希尔·哈撒韦股东，拿出超过投资组合3%的资产集中购买该公司的股票，这是任何一家其他大型上市公司都无法比拟的。[12]

今天的机构投资人通常会强迫经理人放弃子公司，全力收购单一的公司业务，这一点跟伯克希尔·哈撒韦的收购模式及其承诺永久持有子公司恰恰相反。伯克希尔·哈撒韦的股东欢迎各种各样屹立不倒的大型企业集团，在这些公司中，资产剥离是极少见的个例。对于这些股东而言，只有长久才能构建信任，而无常则会消解信任。

至少从 1993 年起，巴菲特就建议普通投资人选择指数基金，而不是像他和伯克希尔·哈撒韦那样选择个股。[13] 不过，从 1979 年起，他就一直建议伯克希尔·哈撒韦的股东要多向他学习，不要通过指数基金投资整个美国企业界，而应增持并长期持有伯克希尔·哈撒韦的股票。[14] 半个世纪以来，巴菲特一直在努力吸引那些专一并真正理解伯克希尔·哈撒韦的股东。

这些是忠诚的投资者，他们如饥似渴地读着伯克希尔·哈撒韦的年报，成群结队地出席其股东大会，这在美国企业界都是很少见的。他们是分析型且着眼于长线发展的投资者，包括成百上千的富豪和富裕家庭。其中也有很多亿万富豪，除了巴菲特和戈特斯曼，还包括霍默·道奇和诺顿·道奇（早期投资者）、斯图尔特·霍热希（1980 年买入 4 300 股）、伯纳德·萨尔纳特（本杰明·格雷厄姆的表亲），以及小沃尔特·斯科特（也是伯克希尔·哈撒韦的董事）。[15]

很多伯克希尔·哈撒韦子公司的创始人或者执行董事都是通过创建这些公司独立致富的，包括几位入围《福布斯》美国 400 富豪榜的亿万富豪。这些亿万富豪或者近亿万富豪的名单如下：德克斯特鞋业公司（Dexter Shoes）的哈罗德·阿方德（已故），克莱顿房屋（Clayton Homes）的吉姆·克莱顿，RC 威利家具公司（RC Willey Home Furnishings）的威廉·蔡尔德，欢乐厨妇公司（Pampered Chef）的多丽丝·克里斯托弗，黑尔斯博格钻石公司（Helzberg Diamonds）的巴尼特·黑尔斯博格，美国商业资讯（Business Wire）的洛里·洛基，麦克莱恩公司（McLane Company）的德雷顿·麦克莱恩，马蒙集团的杰伊·普利兹克（已故）和罗伯特·普利兹克（已故），利捷航空（NetJets）的理查德·圣图利，飞安国际（FlightSafety International）的阿尔·尤尔茨基（已故），伊斯卡金属切削集团的什泰夫·韦特海默。

作家安德鲁·基尔帕特里克是伯克希尔·哈撒韦的长期股东，他在自己那本意义深远的公司发展史——《投资圣经：巴菲特的真实故事》中做了一次尝试，追溯各位股东的高光时刻。[16] 通过从其大量的研究中选取的一小部分样本，加上我们自己掌握的知识，我们整理出了以下伯克希尔·哈撒韦投资者的短名单（个人投资者见表1.2，机构投资者见表1.3）。其中有著名的投资人、运动员、政客、作家、音乐家、公司执行董事以及教授等——这样一份令人惊叹的名单是其他很多公司难以匹敌的。

表1.2　一些著名的伯克希尔·哈撒韦个人投资者

个人投资者名称		
锡德·巴斯	参议员奥林·哈奇	参议员杰伊·洛克菲勒
比利·比恩	勒布朗·詹姆斯	阿莱克斯·罗德里格兹
参议员约翰·巴拉索	肖恩·杰斐逊	众议员保罗·瑞安
小富兰克林·奥蒂斯·布思	参议员鲍勃·克里	保罗·塞缪尔森

续表

个人投资者名称		
乔治·布伦利三世	比利·琼·金	理查德·斯库拉
吉米·巴菲特	特德·科佩尔	唐·舒拉
众议员戴维·坎普	安·兰德斯	乔治·绍罗什
格伦·克洛斯	乔治·卢卡斯	坎迪·斯佩林
莱斯特·克朗	阿奇·麦卡拉斯特	罗杰·施陶巴赫
巴里·迪勒	小福里斯特·马尔斯	本·施泰因
参议员迪克·德宾	牛顿·米诺	比尔·蒂利
哈维·艾森	安迪·马瑟	普雷姆·瓦特萨
查尔斯·埃利斯	参议员鲍勃·纳尔逊	拜伦·魏因
马文·哈姆利什	众议员汤姆·奥斯本	德克·齐夫

表1.3　一些优质的伯克希尔·哈撒韦机构投资者

机构投资者名称		
AKO 资本公司 （AKO Capital）	E. S. 巴尔公司 （E. S. Barr）	劳德资本公司 （Lourd Capital）
阿克尔资本管理公司	埃弗里特·哈里斯公司 （Everett Harris & Co.）	麦肯齐投资公司 （Mackenzie Investments）
艾伦控股公司 （Allen Holding Inc.）	费尔霍姆资本公司 （Fairholme Capital）	马尔·维斯塔公司 （Mar Vista）
亚里士多德资本公司 （Aristotle Capital）	信托管理公司 （Fiduciary Management）	马克尔公司
阿灵顿价值资本公司 （Arlington Value Capital）	芬德利·帕克公司 （Findlay Park）	姆拉兹、阿梅林联合 公司（Mraz, Amerine & Associates）
亚特兰大资本投资公 司（Atlanta Capital Investment）	第一曼哈顿公司	路博迈公司 （Neuberger Berman）

续表

机构投资者名称		
贝利·吉福德公司 （Baillie Gifford & Co.）	弗洛斯巴赫·冯·斯托奇公司 （Flossbach von Storch）	穿孔卡资本公司 （Punch Card Capital）
鲍德温投资公司 （Baldwin Investment）	华盛顿堡投资顾问公司（Fort Washington Investment Advisors）	罗博蒂公司 （Robotti & Company）
巴罗·汉利公司 （Barrow Hanley）	加德纳·拉索 & 加德纳公司	鲁安、切尼夫 & 戈德法布公司（Ruane, Cunniff & Goldfarb）
贝克、麦克 & 奥利弗公司 （Beck, Mack & Oliver）	吉维尼资本公司 （Giverny Capital）	斯利普、扎卡利亚公司 （Sleep, Zakaria & Co.）
博尔德投资顾问公司 （Boulder Investment Advisers）	格雷林投资公司 （Greylin Investment）	斯米德资本公司 （Smead Capital）
桥梁投资公司 （Bridges Investment）	哈特福德基金 （Hartford Funds）	斯佩塞·索尔森资本公司 （Speece Thorson Capital）
布罗德·鲁恩公司 （Broad Run）	哈特兰投资公司 （Hartline Investment）	斯普鲁斯格罗夫投资公司 （Sprucegrove Investment）
布朗兄弟哈里曼公司 （Brown Brothers Harriman）	亨利·H. 阿姆斯特朗联合公司 （Henry H. Armstrong Associates）	斯特恩斯金融服务公司 （Stearns Financial Services）
布德罗斯·鲁林 & 罗公司 （Budros Ruhlin & Roe）	光通信公司 （Hikari Tsushin）	蒂穆库安资产管理公司 （Timucuan Asset Management）
勃艮第资本公司 （Burgundy Capital）	杰克逊国家资产管理公司（Jackson National Asset Management）	特威迪·布朗公司 （Tweedy, Browne）
切克资本公司 （Check Capital）	乔利资产管理公司 （Jolley Asset Management）	华莱士资本公司 （Wallace Capital）
克拉克森金融公司 （Clarkston Financial）	克林根斯坦·菲尔茨公司 （Klingenstein Fields）	水街资本公司 （Water Street Capital）

续表

机构投资者名称		
咨询有限公司 （Consulta Ltd.）	拉斐特投资公司 （Lafayette Investments）	韦奇伍德合伙人公司 （Wedgewood Partners）
科特兰顾问公司 （Cortland Advisors）	李、丹纳＆巴斯公司 （Lee，Danner & Bass）	韦茨投资公司 （Weitz Investments）
戴维斯精选顾问公司 （Davis Selected Advisors）	弗吉尼亚伦敦公司 （London Company of Virginia）	鲸鱼岩点公司 （WhaleRock Point）
道格拉斯·温思罗普公司 （Douglass Winthrop）	鹰资本公司	温特格林顾问公司 （Wintergreen Advisers）

纵览伯克希尔·哈撒韦"既专情又长情"的投资者的名单，会发现其中不乏美国非常知名的投资人和投资公司。这些投资者中，有的持有伯克希尔·哈撒韦大量的股份长达 10 年乃至 40 年。

选择信任的经理人

一旦伯克希尔·哈撒韦发现了自己信任的经理人，就会选择放手，好让其能大展拳脚。在大部分公司里，企业的任务通常都比较集中，会有部门主管和小部门主管（中层管理人员），会有汇报层级，会有与预算、人员相关的制度体系和错综复杂的流程体系。这种组织架构意在有效监督，实际上却会增加大量的成本。

与之相反，伯克希尔·哈撒韦认为这样的组织架构太过官僚化，所以仅在内部保留了一个基本的审计部门，而把这些所谓企业要素以及其他内部事项都转交给各个子公司负责。总部办公费用在伯克希尔·哈撒韦几乎可以忽略不计，因为总部只有二十几个人，工作的核心就是提供财务报告和审计。每个子公司都保留自己的预算、经营和人力资源制度及流程，当然也都会设置一些传统的部门，比如会计部、合规部、人力资源部、法务部、市场营销部、技术部等。

除了这些，还有其他的分权方法。例如，每一个子公司都由自己的 CEO 来领导，不受总公司的干涉。伯克希尔·哈撒韦可能会把权力下放给子公司的 CEO，很少会集中监管。所有的日常决策都由高管自行做出，包括广告预算、产品特色、环境质量、产品组合和定价。

此外，人员招聘、销售规划、库存管理和应收账款管理也都是高管说了算。即便是资深岗位的继任者问题，包括 CEO 这种岗位，伯克希尔·哈撒韦也都遵从子公司的选择。伯克希尔·哈撒韦很少在不同的子公司之间进行业务转移，也几乎不会让经理轮岗流动。[17] 伯克希尔·哈撒韦没有退休政策，很多高级管理人员都会工作到 70 岁或者 80 岁。

在伯克希尔·哈撒韦，对自主经营管理唯一的限定条件出现在巴菲特每两年给各机构负责人所发的一封短信中。其中明确了伯克希尔·哈撒韦对子公司 CEO 的强制要求：（1）捍卫伯克希尔·哈撒韦的声誉；（2）及早汇报坏消息；（3）商议退休后的利益变动和较大的资本支出（包括收购，这是其所鼓励的）；（4）着眼于 50 年的企业前景；（5）碰到任何收购机会，都要请教伯克希尔·哈撒韦总部的意见；（6）提交书面的接班人建议。[18]

伯克希尔·哈撒韦的 CEO 要指定一个推荐的接班人，巴菲特的这一指令，解释了为何大多数伯克希尔·哈撒韦的子公司的继任工作都是无缝衔接的。例如，在 2011 年的一次紧急情况中，戴维·索科尔从当时的中美能源公司辞职，接替他的是阿贝尔，一位颇有见地的人，在职多年，同时也是一位股东。在阿贝尔的带领下，团队迅速发展，如今这家备受尊重的公司更名为伯克希尔·哈撒韦能源公司。而这个迷你版的大型企业集团，随后掌控了横跨整个美国的房地产经纪人巨网，打造出了独一无二的伯克希尔·哈撒韦房地产公司。

我们将在第 9 章中探讨伯克希尔·哈撒韦的子公司在管理层继任方面遇到的一些挑战，但是绝大多数的继任安排都是卓有成效的。许多伯克希尔·哈撒韦的子公司都是通过多次继任不断发展的，继任者把公司带到了前任不曾想过的高度。在伯克希尔·哈撒韦一些有家族渊源的公司中也出现了这样的优秀范例，包括克莱顿房屋、乔丹家具（Jordan's Furniture）、贾斯廷品牌（Justin Brands）、马蒙集团、麦克莱恩公司、RC 威利家具公司。最近十几个子公司的继任也都十分成功，包括美国商业资讯、鲜果布衣、通用再保险公司、路博润公司、米泰克

（MiTek）公司、星星家具（Star Furniture）等。

考虑到公司以及涉及的人，最近有三家公司的继任尤其值得一提：喜诗糖果、政府员工保险公司和飞安国际。

喜诗糖果是伯克希尔·哈撒韦最早完成的收购之一，收购时间在1972年，它标志着伯克希尔·哈撒韦投资理念的转变，从专注于低价收购，转变为主攻有特许经营权且经久不衰的高品质企业。喜诗糖果当时的CEO是查克·哈金斯，他一直是喜诗糖果的掌舵人，直到2006年。

随后，巴菲特又做了一个出人意料的举动，委任另外一名伯克希尔·哈撒韦的高管——布拉德·金斯勒接管喜诗糖果。金斯勒从1987年起就在伯克希尔·哈撒韦工作，他曾经在费切海默兄弟公司（Fechheimer Brothers）——一家制服制造商任CEO。金斯勒领导喜诗糖果时取得了卓越的成就，保持了公司一贯的高端品质，同时扩大了公司在全国的销售范围。

2019年金斯勒退休，他的继任者跟他一样，也是从伯克希尔·哈撒韦的其他子公司中选拔出来的，这也是合情合理的。正是本着这样的原则，帕特·伊根获得了一个机会。众所周知，伊根原来是伯克希尔·哈撒韦能源公司的一名高管，而能源这个板块一直是阿贝尔负责的业务范畴。

政府员工保险公司也一样，在巴菲特的人生中和伯克希尔·哈撒韦的历史上占据了特殊的地位，它是巴菲特最早做过仔细研究的那批企业中的一个。巴菲特曾在1951年写过一篇关于该公司的文章；1976 年，伯克希尔·哈撒韦买下了政府员工保险公司很大一部分股份，其余的股份是在 1995 年买下的。该公司的 CEO 一直到 2018 年才退休，也是政府员工保险公司的一个传奇人物——奥尔萨·奈斯利，他是在 1961 年加入政府员工保险公司的，当时他才 18 岁。1992 年，他成为这家公司的 CEO。在同一家公司工作超过 50 年的执行董事并不多，但是奈斯利是少数几个获此殊荣的伯克希尔·哈撒韦高管。

奈斯利引领了政府员工保险公司的变革。在他执掌公司期间，政府员工保险公司从汽车保险行业一个不起眼的玩家，一家只占据 2% 的市场份额且增长缓慢的企业，变为一支占据近 14% 的市场份额的业内生力军。这一增长幅度意味着保费的规模、浮存金和利润方面至少涨了三倍。

虽然取得了如此巨大的成功，但是奈斯利从不居功自傲，也不争当焦点，他的退休也保持了这种风格，十分低调——没有新闻宣传，也没有记者报道。巴菲特在 2018 年的"致股东的信"中向奈斯利致以崇高的敬意，同时也高度赞扬了他的继任者——一直跟奈斯利共事的比尔·罗伯茨，巴菲特肯定了后者的管理才能。

飞安国际的继任则有些令人神伤，2018 年布鲁斯·惠特曼辞世，享年 85 岁，自此公司交由他人负责。[19] 跟奈斯利一样，惠特曼为公司付出了一辈子的心血，从 1961 年作为公司的二把手开始，一直到 2003 年成为公司总裁兼 CEO，他始终兢兢业业。

1996 年，伯克希尔·哈撒韦收购飞安国际，这次收购对这两家公司和巴菲特本人而言都是一个转折点。这一年，伯克希尔·哈撒韦开始从大型上市公司的中小投资者转变为一家大型企业集团，在很多不同的领域收购了几十家企业。

具体来说，从收购飞安国际至今，伯克希尔·哈撒韦已经进行了将近 45 次收购，总计费用约达 1 650 亿美元，股东权益增加了 2 750 亿美元。从 1996 年起，伯克希尔·哈撒韦的每股账面价值从 20 000 美元增加至 200 000 美元，它的 A 类股单价从 35 000 美元增加至 300 000 美元，市值从 600 亿美元增加至5 000 亿美元。

巴菲特认为，伯克希尔·哈撒韦的成功应当感谢其经理人。在著名的"致股东的信"中，巴菲特高度赞扬了各位子公司的负责人，并把他们比作美国企业界的"全明星"。他在好几个场合特意表彰了惠特曼、奈斯利、金斯勒以及其他几十位高管的功劳。巴菲特强调说，伯克希尔·哈撒韦的 CEO 们虽然都是各自领域的顶尖人物，但经营企业的方法各不相同。在 2010 年的"致股东的信"中，巴菲特写道：

伯克希尔·哈撒韦的 CEO 们出身各不相同。有些是工商管理硕士，有些则是大学肄业；有些 CEO 会做预算且循规蹈矩，有些则是凭感觉管理。我们的团队犹如一支棒球队，全明星球员的击球风格大相径庭，我们这个阵容很少需要进行改变。

伯克希尔·哈撒韦的子公司有效的领导力转换，对于这一分权自治的大型企业集团至关重要，伯克希尔·哈撒韦的总部能干涉的资源很少，所以规划接班人的重担就落到了经理人身上。

接替惠特曼的是他的两位同事，分别接替他的两项职务——这家飞行员培训公司的联合 CEO 和总裁。负责民用航空的是戴维·达文波特，他于 1996 年加入飞安国际，从 2012 年起一直同惠特曼一起在总部工作。负责军用航空的是小雷蒙德·E. 约翰斯，2013 年他从美国空军退伍后就加入了飞安国际，也是一直在总部工作，跟惠特曼共事。

一直到惠特曼交出接力棒，伯克希尔·哈撒韦控股的飞安国际在阵容上只有一次变化——创始人尤尔茨基在 2003 年把公司交给惠特曼。这一继任计划几乎是万无一失的，毕竟惠特曼随后十几年一直勤勤恳恳地为公司服务。在尤尔茨基 1999 年的回忆录《飞安国际的历史与未来》(*The History and Future of FlightSafety International*) 中，他这样解释道：

公司的高层团队虽然人少，但是行事却非常高效，他们刚来公司时多是充满斗志的年轻人，在这里一直干了很长时间。第一批走马上任的人就很优秀，其中一个代表就是副总裁惠特曼。他从加入公司那天起就是我的得力干将——那天对我们所有人来说都是一个重要的日子。

巴菲特在 2007 年的"致股东的信"中，公开表示惠特曼的继任为公司带来了巨大的成功。

另外几名伯克希尔·哈撒韦子公司的 CEO 也都写过自传。这些作品反映了作者本人的特征，也确实如巴菲特所说的，各不相同。伯克希尔·哈撒韦子公司的 CEO 作家——包括吉姆·克莱顿和多丽丝·克里斯托弗——把自己的成功归因于想象力、同理心以及激情等各不相同的力量。

虽然经理人之间存在如此多的不同，但他们所有人都曾强调信任的重要性——来自巴菲特和伯克希尔·哈撒韦的信任，来自团队的高度信任。正如惠特曼所写的："巴菲特这么放心由我来打理公司，以至在伯克希尔·哈撒韦工作期间，我用公司的钱比用我自己的钱还要小心。"[20]

第2章　合伙制的实践

　　巴菲特对合伙制的态度是很真诚的，绝不是做做样子。这种态度在各种各样的公司政策中，在他的"致股东的信"中，在伯克希尔·哈撒韦的年会上都是显而易见的。我们可以首先看看其中一些政策，例如关于慈善捐赠、分红、高管薪酬的政策，然后再来看看"致股东的信"和年会，以及它们彼此是如何相辅相成的。

慈善捐赠、分红、高管薪酬的相关政策

　　在大多数的美国企业中，是由董事会和高管来确定公司的慈善捐赠政策，决定要捐赠多少，以及捐给哪些慈善机构的。伯克希尔·哈撒韦在这方面是一个例外。在这家公司，董事会并不会参与这种决策，而是让股东们来指定他们选择的慈善机构。

　　根据股东的慈善捐赠方案，伯克希尔·哈撒韦的董事会要批准准备捐赠的额度，比如最多捐赠净利润的多少比例，然后

让每一个股东来指定自己中意的慈善组织，向其捐赠总款项中个人占比的部分。大多数股东都会参与，20多年来，公司的慈善捐赠达到了两亿美元。[1]

接着我们来看看伯克希尔·哈撒韦在分红方面的政策。除了1967年有很小一笔分红之外，它再也没有进行过分红。巴菲特一直都在反复解释伯克希尔·哈撒韦的政策，也就是，要留存每一美元的利润，只要它能转换为至少一美元的市场价值。相比之下，很多公司都会定期进行分红，并不考虑利用留存收益的机会，也不会咨询股东或者明确说明自己的理由。

伯克希尔·哈撒韦至少就这一政策对股东做过两次民意调查，一次是在1984年，另一次是在2014年，调查是通过正式的股东委托书投票表决的形式进行的。两次调查结果相同：90%以上的股东全心全意拥护公司目前的分红政策。很少有CEO会就任何事情对股东进行民意调查，虽然他们也许会聘请自己的顾问或者是专家进行调查，这种反差再次说明了伯克希尔·哈撒韦对合伙制的态度。

大多数的大型上市公司都有定期进行股票分割的政策。当股票价格增长超过一定界限，例如100美元或500美元时，董事会会把每股一分为二，让股本翻一番，但是股价变为了原先的一半。他们这样做是为了促进股票交易，在这个过程中，要向中间人支付费用，包括股票经纪人和股票交易所。伯克希尔·哈撒韦避开了这样一种股票分割政策，减少了中间人的职责和费用。

即使在伯克希尔·哈撒韦的股价达到令人瞠目的高度时，公司仍在继续奉行避免股票分割的做法。1996 年，伯克希尔·哈撒韦的股票价格达到 30 000 美元，大多数股东虽无意出售，但都已经很知足了。然而，有些股东有现金需求或者想把股票作为礼物送给他人，他们表示希望公司能发行低价股票。此时伯克希尔·哈撒韦的卓越表现已尽人皆知，还未成为公司股东的人也希望能以可承受的价格变成伯克希尔·哈撒韦的股东，这种需求越来越多。

受此启发，两位财务发起人在 1996 年设计出一种投资工具，来满足这些需求。他们建议成立信托基金去购买昂贵的伯克希尔·哈撒韦股票，然后将其分拆发行，每股交易价格约为 500 美元。为了消除这些信托基金的吸引力，同时消除对方借机收取手续费的企图，伯克希尔·哈撒韦创设了二级股票体系，其中 B 类股只有部分投票权和经济权益，交易价格大约为每股 1 000 美元。

这一举动也带来了一些其他方面的益处，例如，截止到 2010 年，这些新的 B 类股的交易价超过 3 000 美元，而原始股（A 类股）的交易价达到 100 000 美元。正是在这一年，伯克希尔·哈撒韦收购了柏林顿北方圣塔菲铁路公司（BNSF Railway），其中部分交易对价就是用股票支付的。为了让铁路公司的很多员工股东能接受伯克希尔·哈撒韦的股票，公司的董事按照 50∶1 的比例对 B 类股进行拆分，使价格降到每股约 60 美元。（后来，B 类股的价格飙升至每股约 200 美元，A 类股则每股超过 300 000 美元。）这种二级股票体系也使得伯克希尔·哈撒韦现有股东手中的股票的流动性增强，因为 A 类股可以转化为价格相对低廉的 B 类股，而且还无须纳税。[2]

巴菲特对伯克希尔·哈撒韦在高层薪酬方面的做法尤为自豪，他认为，这是基于极致的理性，而且永远不会涉及外部的顾问。他和每一位高层管理人员只是就基本的工资加补助达成一致，只要高管在自己的管控范围内让公司取得预期的成效即可。对公司发展前景所采用的时间轴往往是一连几年的，而不是常规的日历年，如此能更加忠实地反映出企业的变迁，以促进公司的长远发展。（我们会在第 6 章继续介绍薪酬补偿计划。）

致股东的信

在大多数上市公司，每年写给股东的信都是找人代笔，信的内容通常十分乏味且往往无人问津。巴菲特却亲力亲为，这些"致股东的信"是由他的笔友卡萝尔·卢米斯帮忙编辑的，虽然是免费帮忙，但是她对此十分尽心尽力；我们有幸把其中的经典概要整理成《巴菲特致股东的信》一书。伯克希尔·哈撒韦的股东如饥似渴地读着这些信，父母经常还会把这些信当作礼物送给孩子。

对于伯克希尔·哈撒韦的股东来说，巴菲特每年所写的信之所以与众不同，并非因为所写的内容清清楚楚、直截了当或者闪烁着智慧的光芒——虽然这些的确符合其风格，而是因为它们根本就不是信。每一封"长信"（巴菲特本人是这么叫的），实际上都是一系列文章——围绕各种主题而写的文章，详细阐释了作者本人的观点。

巴菲特的每一封信都有具体的动机，最重要的是吸引认可伯克希尔·哈撒韦商业模式的股东和同事。巴菲特表示要吸引这样的股东：重视价值而非价格；重视经济的实质，而非计算的结果；把公司当作人类创造的产物来经营，而不是将其看作交易的商品。通过半个世纪的努力，巴菲特已经成功做到了这一点。

就文章的风格来说，巴菲特可能是以长者的口吻来写的，想象着他是在给晚辈或者家人写信，他赢得了追随者的信任，而且在努力维持这种信任。"致股东的信"中有一个经常出现的主题，让巴菲特获得了颇有误导性的标签——"逆行者"，这个主题就是巧妙地表示不赞同。巴菲特详尽阐释了普世的观点，列举了很多理由来说明为什么这是不对的，或者说是片面的。

虽然巴菲特的观点独树一帜，但听起来却从不像是自我辩护，哪怕是在他直接进行批评时也是如此。信中的内容从句法到各段的顺序犹如行云流水，而且修辞风格充分体现了巴菲特高超的写作水平。每一封信开篇就很吸引人，结尾又总能引发人的深思，中间部分逻辑缜密，有些地方是直奔主题，有些地方又写得十分含蓄，各部分相得益彰。

巴菲特的文章总是引经据典，结合宏大的背景和统计学来讨论当前的议题，借数据来支撑论点。巴菲特也会进行对比，字里行间常有生花妙笔，表扬人时通常直接点名，但是在批评人时则总是对事不对人。

总而言之，这些作品让我们更加了解巴菲特本人——一位可亲、自信、理性、精明的资本家。耶鲁大学写作教授威廉·津瑟曾经说过："写作的核心是背后的动机。"巴菲特热爱伯克希尔·哈撒韦，这是他毕生的心血，非同凡响的股东、精明的经理人、极具特色的原则，都是伯克希尔·哈撒韦的标志性特征。芒格曾经说过："巴菲特把全部自我都倾注给了伯克希尔·哈撒韦。"这是巴菲特半公开的秘密。

年会：智力、文化、社交的盛宴

除了个别例外情况，很多公司的年会一般都很耗时间，很少有股东会参加。然而，伯克希尔·哈撒韦的年会是一场智力、文化、社交的盛宴。巴菲特每年"致股东的信"成为随后召开的年会讨论的焦点，这些信因此获得了永恒的价值，年会也变成了一场标志性的盛会，吸引了数以万计的人参加。

通常，伯克希尔·哈撒韦的股东在参加年会之前都已经看过巴菲特的"致股东的信",会在分组会议上一起讨论信中的内容。可以看出,大多数在会议上提出问题的人都已经读过这些信,如果有人提出十分敏锐的问题,观众会为之喝彩,而如果有人提出比较无知的问题,观众也会发出嘘声。

有些主题会反复出现在"致股东的信"和年会上,同时提升了两者的价值。所有这些机制加在一起,成为一项长期的固定项目,让伯克希尔·哈撒韦变得与众不同,也让股东们知道了公司的价值。

伯克希尔·哈撒韦举办年会的那个周末,会有无数的事情发生,各种消息在奥马哈到处传播。成千上万的股东会出席内布拉斯加大学的会议、克瑞顿大学的小组讨论以及在哥伦比亚大学举办的晚宴。

伯克希尔·哈撒韦的股东通常都是书迷。20 年来,巴菲特在年会上共指定了几十本即将发售的新书,涵盖多达 120 种不同的主题。这种引导对伯克希尔·哈撒韦的股东找到自己特别感兴趣的类别很有帮助。其中包括从 330 多本名字里含"巴菲特"一词的书籍中选出前 30 名。

伯克希尔·哈撒韦的股东也是该公司企业文化的一部分。这些股东虽然十分关注公司的情况,但是也很有耐心;虽然持怀疑态度,但是又对公司十分忠诚;虽然严肃,但是又不失风趣。人们通常把伯克希尔·哈撒韦的子公司比作一种艺术收藏,巴菲特本人就是馆长。顺着这个思路往下走,我们可以把巴菲特的参会者看作访客、顾客，是馆内藏品的爱好者，也是向导、老师和导师，无论是新手还是老手。

为了完成 2018 年出版的文集《沃伦·巴菲特的股东：伯克希尔·哈撒韦年会的内部故事》（ *The Warren Buffett Shareholder*：*Stories from Inside the Berkshire Hathaway Annual Meeting* ），[3] 我们请了几十位伯克希尔·哈撒韦的股东来解释年会的重要性。很多人直接就把年会跟巴菲特的"致股东的信"结合起来，还写了文章，读起来令人心潮澎湃，文中解释了这些年会对他们的意义。他们皆是围绕合伙制和信任这类主题写作的。

《沃伦·巴菲特的股东：伯克希尔·哈撒韦年会的内部故事》有一部分内容摘要来自罗伯特·登纳姆，他素来是伯克希尔·哈撒韦的常客，也是巴菲特的密友。登纳姆应巴菲特之邀，从 1992—1997 年一直担任所罗门（Salomon）公司的 CEO，公司当时深陷债券交易丑闻，命悬一线，登纳姆临危受命，力挽狂澜。从那以后，登纳姆就成为芒格、托尔斯 & 奥尔森律师事务所的律师，他向我们解释了这种合伙制的态度在巴菲特的"致股东的信"以及伯克希尔·哈撒韦的年会上是如何体现出来的：

伯克希尔·哈撒韦的年报为那些出席大会的人提供了重要的业内指导。这些报告写得很详细，条理清晰地解释了伯克希尔·哈撒韦的业务以及经济环境，借此影响了那些虽然未曾参与到公司具体的业务中，但是想要了解公司业务的共有人。那些看过年报的人可以更好地回答问题、理解答案，并且不忘结合更加宏大的商业背景。换言之，他们都准备好参与年会，参与周末时围绕年会的各种对话。

登纳姆详细介绍了巴菲特在信中所用的口吻，认为巴菲特的表述十分得体，他表示，巴菲特看重的是如何思考而不是思考什么。这一点同时体现了尊重与信任。

巴菲特从来不会为听众准备好一切或者干脆自己给出答案，这种含蓄反映了一种信仰，即每个投资者都有责任形成他/她本人对于这些基本情况的认识。虽然讨论的核心是伯克希尔·哈撒韦的业务，多多少少会有围绕市场与经济学的相关问题，但也会有如何成为一个品德高尚的人这样的讨论。这些讨论反映了其更深层的使命，即不仅仅是教会他人如何在物质上获得成功，更重要的是过一种有意义的、值得称道的生活。

西蒙·洛恩曾是登纳姆的律师合伙人，也是登纳姆在所罗门公司的同事，洛恩也同样强调了这种合伙制的态度：

在某种程度上，年会是巴菲特著名的"致股东的信"的自然延伸，不仅这些信在逐年发展，年会亦是如此。但实际上，正如年会是这些信的自然延伸一样，这些信也是巴菲特本质的自然延伸。巴菲特把伯克希尔·哈撒韦的股东看作企业真正的主人。这些信就是源自这样的立场，对于很多人来说，年会可能是这种立场最明显的表露。

洛恩认为，信任为伯克希尔·哈撒韦模式带来了独特的战略效益，对每个人来说都有潜在的价值："（伯克希尔·哈撒韦的执行董事）通过类似'致股东的信'、年会等方式与股东构建了和谐的关系，并经由这个过程建立起了信任，这让执行董事能够有自由发挥的空间，允许公司偶尔走一些弯路，同时也让别的公司能够从中吸取教训。"

信任这个概念说到底是对人的信任。在《沃伦·巴菲特的股东：伯克希尔·哈撒韦年会的内部故事》一书中，乔治敦大学的普雷姆·贾因教授回顾了自己几十年来对伯克希尔·哈撒韦成功秘诀的不断探索，他也敏锐地察觉到了这一点：

在年会上，巴菲特和芒格一直都在认真地介绍伯克希尔·哈撒韦的经理人和员工。年复一年，他们时常提到自己的经理人，对这些人赞不绝口，从未对他们的判断表示异议——虽然他们可能在很多事情上看法不同，无论是收购机会，还是国民经济。

许多年以后我才明白，我一直在苦苦寻找的更深层的答案其实就在我眼前。当巴菲特和芒格说到阿吉特·贾因、卢·辛普森，以及其他几十位能干、值得信任、充满激情的伯克希尔·哈撒韦的经理人时，答案就已经浮现了。说白了，巴菲特成功的秘诀就在于，他能够独具慧眼、知人善任。

我的结论就是，当巴菲特投资时，他是在对优秀的经理人进行投资，而不是单单从管理的角度来看待公司。他在分配资本时，面向的是人，而不仅仅是公司。产品、经营以及财务指标固然都很重要，但却始终是次要的。

如果说重要的是人本身，那么最重要的就是对人的信任。

第 3 章　管理方法

　　伯克希尔·哈撒韦公司中处处流露着信任。因为这种信任，才有了随之而来且不断上演的各种公司行为。这些行为构成了伯克希尔·哈撒韦的管理方法：自给自足的财务、内部资本配置、分权和收购。

　　信任的价值解释了伯克希尔·哈撒韦为何更愿意自行解决财务问题，实现增长，而非通过第三方融资方。伯克希尔·哈撒韦相信自己多过相信银行家。

　　信任是伯克希尔·哈撒韦进行分权自主经营的必要条件，也是这种模式能够成功的主要原因。此外，信任是赢得的，也是必须要培养的，所以伯克希尔·哈撒韦才会在收购方面有很多独特的偏好。这也是为什么巴菲特在物色收购对象时，更加看重个人关系网，而非倚重经纪人。当然，也是因为信任，他所做的尽职调查少之又少。

自给自足的财务

伯克希尔·哈撒韦的经营和收购，一般不通过银行或其他中介机构，主要是通过留存收益，再加上保险浮存金和递延税款带来的杠杆。伯克希尔·哈撒韦借入资金的例子非常有限，主要是用于资金密集型和受管制的公用事业及铁路业务，而且借的都是固定利率的长期贷款。尽管利用传统的债务或许可以让伯克希尔·哈撒韦取得更好的经营业绩，但借的钱通常成本很高，而且存在损失抵押品的违约风险。

伯克希尔·哈撒韦比较青睐的资金来源是其保险业务中的浮存金。浮存金是指保险公司在进行偿付之前所取得的保费收入的沉淀。只要保险的承保业务实现收支平衡（收到的总保费等于服务费加总偿付），那么浮存金的成本就是零。相对而言，有了承保利润，保险公司就可以先使用所持有的浮存金，即使有些许承保损失，浮存金一般还是比银行借贷的风险更小、成本更低。

递延税款也是一种低成本、无风险的资金来源。虽然税法要求对增值资产承担累积责任，但是在资产售出之前不需要偿还，此时就出现了递延税款。尽管这也是一种实实在在的债务，但是却无须承担利息，也没有违约赔偿或者到期日，可以自主选择偿还的时间。

如果一直都做得不错，那么浮存金会增长至一个很大的量级。在伯克希尔·哈撒韦，浮存金从 1970 年的 3 900 万美元增长

至 1990 年的 16 亿美元，在随后几十年又一路高歌猛进——2000
年达到 280 亿美元，2010 年达到 660 亿美元——预计到 2020 年，
将达到 1 250 亿美元。伯克希尔·哈撒韦的递延税款目前保持在
大约 500 亿美元，这意味着伯克希尔·哈撒韦非传统来源的杠杆
接近 1 750 亿美元（代表了这个大型企业集团总的负债）。

当然，这些债务都是真正的负债，所以如果承保不善就会
面临灭顶之灾。例如，迫于竞争压力或是精算建模出了错，导
致承保方给出的风险定价相对于最终的赔付可能太低。很多保
险公司因为承保不善被榨干，濒临破产。[1] 伯克希尔·哈撒韦旗
下的保险公司选择对冲灾难。他们采用了旨在鼓励遵守承保规
则的薪酬计划，把奖金跟承保利润和浮存金成本挂钩，而不是
跟保费多少挂钩。

与浮存金（或递延税款）不同，银行债务都有契约，明确
了利息和到期日。贷款通常是由代理商经营的，无论是从贷款
的规模、期限、成本，还是契约而言，代理商的利益都跟借款
人的利益存在冲突。伯克希尔·哈撒韦的自给自足让其能合理
利用负债带来的杠杆效应，同时又减少了成本、限制和矛盾。
总而言之，伯克希尔·哈撒韦相信自己多过相信债权人。

内部资本的配置

伯克希尔·哈撒韦作为大型企业集团的组织架构，让内

部的现金可以再配置给边际资本回报率最高的公司。伯克希尔·哈撒韦在资本再配置上的成功,证明了它的这种大型企业集团的商业模式是正确的,尽管整个美国企业界对这一模式广为诟病。伯克希尔·哈撒韦还巧妙地避过了第三方。

转移现金的子公司将现金分配给伯克希尔·哈撒韦,同时没有造成所得税的产生。收取现金的子公司在获得公司的资金援助时,也没有任何因借款而产生的摩擦成本,例如银行利率、贷款契约或者其他的限制等。一些子公司在经营过程中享受到税收豁免,虽然自己用不了,但是可以给伯克希尔·哈撒韦的其他子公司用。

子公司的经理人会奖励这种不费吹灰之力获得的资金。在伯克希尔·哈撒韦之外的其他公司,需要资金的高管面临着层层审批,审批过程中流露的通常是怀疑而非信任。一开始是要获得董事会的批准,需要咨询金融顾问哪些才是最佳的资金来源和资金类型。而这些接下来又涉及了承销商负责的股票或者银行负责的贷款。

上述每一步都会产生费用,也存在分歧和争论,因此限制了公司在经营和财务管理方面的灵活性。伯克希尔·哈撒韦的子公司经理人避免了所有这些烦琐的程序:当他们需要资金时,就直接告诉巴菲特。你能想象到的最友好的银行家也不过如此——不干涉、无合约、无条件、无契约、无到期日,也没有其他中介类的限制。

分权模式

　　分权——在整个商业组织内自上而下推行自治、分责——在伯克希尔·哈撒韦十分盛行。这种做法从最上层——巴菲特和伯克希尔·哈撒韦的总部开始，然后一点点往下走。

　　巴菲特让伯克希尔·哈撒韦一直都保持简单的模式，甚至都没有组织架构。假如伯克希尔·哈撒韦有组织架构，那么应该跟我们做的图 3.1 中的结构十分接近。

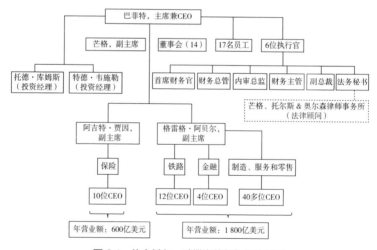

图 3.1　伯克希尔·哈撒韦的组织架构拟图

　　巴菲特一直引以为傲的一点是，作为一个拥有近 40 万名员工的大型企业集团，伯克希尔·哈撒韦的总部只有几十名员工。

　　巴菲特负责决定伯克希尔·哈撒韦层面包括收购在内的几

乎所有的资本配置。在大的开支方面,他一直咨询芒格,而最近巴菲特的智囊团又迎来了新成员——阿贝尔和贾因。21世纪初,伯克希尔·哈撒韦聘请了两位投资人——托德·库姆斯和特德·韦施勒,他们负责管理公司很大一部分股票投资组合。

对伯克希尔·哈撒韦子公司财务相关事务的正式监督,主要是由奥马哈的五位执行官负责:首席财务官、财务总管、内审总监、财务主管和财务副总裁。唯一的其他类执行官就是公司的法务秘书,类似法律总顾问,但主要是由外部律师团队组成的,负责监督处理伯克希尔·哈撒韦的收购和债券工作。

伯克希尔·哈撒韦的每一个子公司都是自立门户的,有传统公司的全部职能,可以决定自己的部门安排。结果就是,伯克希尔·哈撒韦的总部每年的经费大约是100万美元,工资支出不到1 000万美元。[2] 要知道,伯克希尔·哈撒韦的年营业额大约是2 500亿美元。

每个子公司都有一个小型董事会———一般有五个成员,为公司提供所需的支持。而更大的对风险敏感的子公司的董事会,则由巴菲特亲自坐镇。每一个子公司的CEO都是自己董事会的主席。其他的董事来自伯克希尔·哈撒韦董事会、奥马哈的团队,或者是伯克希尔·哈撒韦其他子公司的CEO。在收购完成以后,各子公司仍旧保留所有其他的公司职能,跟从前一样,维持自己原有的组织架构。

20年来,随着伯克希尔·哈撒韦发展成一个庞大的企业集团，巴菲特的注意力也随之越来越分散，公司一直在分权，不仅让收购的公司按照自治的机构保持原样，而且推行分权到底，这意味着不断把职能下放到各级子公司；推行分而治之，进一步拆分被收购的公司；以及分别汇报，不断扩大高级管理层的责任范围。

分权到底在阿贝尔执掌的伯克希尔·哈撒韦能源公司体现得淋漓尽致。1998 年，阿贝尔开始负责伯克希尔·哈撒韦的主要业务——中美能源公司。从那以后，他带头进行了 15 次大型收购，建立起一个大型企业集团，如今，公司的年营业额接近 250 亿美元，有五家公用事业、两条管道、无数再回收能源、成百上千的房地产经纪业务，这些都是在伯克希尔·哈撒韦能源这个品牌下经营的。

通常而言，随着公司发展壮大，集权便会潜滋暗长，总部会有很多职能，并随之产生相关的经费开支。近些年来，阿贝尔和伯克希尔·哈撒韦能源公司在积极地推行分权，把所有的企业职能下放。总部仅有几十个人，而整个公司却有 23 000 名员工。这种分权的逻辑在地理层面和产品这两条线上同时贯穿：在特定的地区开展业务，面对不同的定价环境、监管监督环境，以及劳动力市场。每一个机构都服从当地自主经营的领导层，各地有特定的基础设施和人员。

总部有一个总法律顾问和一些公关人员来协调全球的监管问题（我们会在第 10 章中进一步讨论）。还有一个人力资源总监，熟知工会劳动力市场，能力过硬，负责协助每一个机构中的磋商工作。除了内部审计，其余所有职能一律下放。

分而治之经常是在伯克希尔·哈撒韦完成收购时出现的。例如，2006 年，伯克希尔·哈撒韦的子公司鲜果布衣——一家内衣公司，收购了罗素运动（Russell Athletic），这是一家运动服装制造商，产品包括参赛运动衫、制服等。罗素运动还有一些其他的特色业务，包括布鲁克斯跑鞋公司。

交易完成后，巴菲特问布鲁克斯跑鞋公司当时的总裁吉姆·韦伯，布鲁克斯跟鲜果布衣到底像不像？韦伯说，虽然这三家公司的主业都是在国外制造，然后把产品销往全球，但是布鲁克斯跟罗素运动和鲜果布衣几乎没有什么相同之处。他们随后就把布鲁克斯从鲜果布衣分了出去，让其成为伯克希尔·哈撒韦直属的子公司，由韦伯继续担任负责人，交由其自负盈亏。

这样做的逻辑主要是关注商业模式的不同，同时体现了巴菲特对韦伯毫不掩饰的信任。鲜果布衣和罗素运动是为普通的客户制作商品的，这些商品跟运动没什么关系，只是由普通零售人员在一个竞价的环境中进行销售——对研发的需求很小。相比之下，布鲁克斯卖的是增强竞技水平的运动装备，是面向高端商店中的运动爱好者的，产品定价较高，因为主要的竞争点是质量而不是价格——这样一来就需要不少研发投入。

还有另外一个例子，2000 年，伯克希尔·哈撒韦收购了贾斯廷实业公司（Justin Industries），这是一家小型的企业集团，旗下有制靴公司和制砖公司［顶点砖瓦公司（Acme Brick）］。其创始人约翰·贾斯廷承认两类产品的相同之处很少，并打趣说至少全部都是用天然材料制成的。巴菲特又一次慧眼识珠，挑选了两位优秀的经理人，让他们负责经营这些不同类型的业务。

靴子在哪里都可以做，一般都是在国外制造，卖到世界各地，再经由零售店卖给个人。而多亏了贾斯廷用广告大力宣传推广——广告演员一般都是西方人，制靴公司贾斯廷品牌才掌握了一些议价能力。靴子慢慢就会穿坏，所以忠实的消费者会复购。对一个组织而言，这些特色决定了应当采取一种相对集中的设计、制造和推销方法。

另外，砖的制作受到重量和地域的限制，所以更多是在当地制作和分销。买家主要包括竞争市场中的商业当事人，这个市场更加看重的是关系。顶点砖瓦公司向顾客做出了100年质保的承诺。这些特点——按照地区进行管理，让各地以独立的公司进行产品制作和销售，统一投资进行质量管控使顶点砖瓦公司发展得更好。

因此，巴菲特就把制靴公司跟制砖公司分开了，两家公司分别成为伯克希尔·哈撒韦直属的子公司，由各自的CEO负责全部盈亏，从经营到行政管理。对顶点砖瓦公司和贾斯廷品牌的发展而言，如此分而治之比由一家公司集中管理更好。

分别汇报的推行则是通过减少高级经理人的直接汇报，同时不增设官僚层级完成的，主要是按照逻辑把各个业务单元汇总成集团的产品组合。伯克希尔·哈撒韦麾下的马蒙集团就是一个很好的例子，这是一家多元化的大型制造集团。2005 年，伯克希尔·哈撒韦收购马蒙集团之前，马蒙集团的 CEO 弗兰克·普塔克要接受十个机构的直接汇报，他个人觉得数量太多了。因此，他把十个机构分成了四个类别，只需要接受四个直接汇报（见图 3.2）。

基本原理很简单：随着一家公司逐步壮大，没有一个经理人能掌控一切事情，高级经理人必须要不断重组，授权给各层级的初级管理人员，作为一个整体，他们可以胜任这样的工作。（我们还会在第 8 章中继续讨论马蒙集团的例子。）

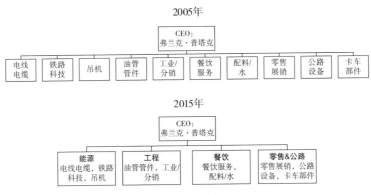

图 3.2　马蒙集团的分权结构

面向 CEO 的直接汇报数量从 2005 年的十个减少到 2015 年的四个

在企业不断发展壮大的过程中，分别汇报是一种理想的应对模式，这种模式在处理继任带来的挑战时也十分奏效。伯克希尔·哈撒韦的保险业务就是一个典型的例子，保险业务的年营业额（赚取的保费）大约是 600 亿美元。从公司开始收购保险业务至今，一连数十载，巴菲特始终只接受三个人的直接汇报——政府员工保险公司的奈斯利，国民赔偿保险公司（NICO）的贾因，以及通用再保险公司的富兰克林·蒙特罗斯。

2016 年蒙特罗斯退休时，巴菲特并没有马上为他找接班人，而是提拔了贾因，让他同时负责国民赔偿保险公司和通用再保险公司。从此以后，蒙特罗斯的接班人不再向巴菲特汇报，而是向贾因汇报。这既扩大了贾因对伯克希尔·哈撒韦的保险业务的管理权限，也减少了巴菲特要接受的直接汇报。

但是这种改变并未波及政府员工保险公司，奈斯利还是继续向巴菲特汇报，考虑到奈斯利已经在这家公司服务了几十年，这也是可以理解的。但是随着贾因在 2018 年成为主管保险业务的副主席，奈斯利也随之退休，自然就该让奈斯利的接班人比尔·罗伯茨向贾因汇报，而不是向巴菲特汇报。这种形式的分权可以体现在伯克希尔·哈撒韦各个分支机构的继任工作中，但是想要行得通，所有的参与者都必须对彼此高度信任。

......

所有的组织结构都需要权衡。分权可以让与事情关联最紧密的经理人做出高效、有效的决定。但是其中也有风险——可能会做出错误的决定。然而，巴菲特觉得这一点无可厚非："我们宁肯为决策失误付出一定的代价，也好过因为太过官僚迟迟不做决定——或者干脆不做决定而在无形中付出很大的代价。"

集权化一个广为称道的优势就是，能避免资源的重复和浪费。但是在伯克希尔·哈撒韦却似乎恰恰相反：公司并不是只有一个法务部门，而是可能有多达 60 个，假如只有一个法务部门，那么这个总的法律顾问办公室的人员会比子公司现有人员的总和还多。

之所以这样做会更有效，是因为每一个经理人都受到了经济和文化的激励，让自己的人员尽可能精简。这是伯克希尔·哈撒韦分权模式一个显著的优势：每一个 CEO 都可以设定最适合自己的组织管理架构。

"随性"收购

许多公司，包括大型企业集团，都会采用正式的按部就班的规划，先确定希望扩大的领域，有时甚至会指定收购标的。很多公司都有收购部门，负责侦察、抓住机会。这些内部职能表现出一些跟中介类似的特征，包括对于知识和技能的迫切需求。但是它们也在无形之中刺激公司采取行动，殊不知此时按兵不动反而是更为谨慎的选择。

伯克希尔·哈撒韦就从来没有这样一个部门或者规划。与之相反，当巴菲特在"致股东的信"中描述已发生的交易时，他把伯克希尔·哈撒韦的收购计划称作"无计划的""随性的"，而不是"仔细安排的"或者"精心谋划的"。这种方法有助于避免代价昂贵的破坏价值型收购，这是伯克希尔·哈撒韦能无往而不胜的一个重要因素。

在收购市场中，公司一般都会聘请投行或者是经纪人来审查交易。但是伯克希尔·哈撒韦通常不会这么做。经纪人是要收费的，而且一般收费都很高，许多交易费都是视交易最终的完成情况而定的，因此经纪人大都急着完成交易，而不太顾及为客户争取最大利益。

在这样的案例中，无论付现成本有多高，收购成本都要比付现成本多得多。对比投入与所得之间的价值差异，即可估算出这些成本。在这种情境中，最好的公司战略可能就是聘请两名经纪人——一位是交易完结才付款的，另一位则是交易失败才付款的。

而伯克希尔·哈撒韦并不依赖经纪人，长期以来它一直都在通过不断发展的合作者、合伙人、同事及朋友等关系网来寻找收购良机。此外，1986 年，伯克希尔·哈撒韦在《华尔街日报》上刊登了一则广告，表明了自己的收购意向以及选择标准，巴菲特在每年的"致股东的信"中也反复提到这些。因此，伯克希尔·哈撒韦很少主动发起这个过程，而只需坐等卖家上门。

劳伦斯·A. 坎宁安在《超越巴菲特的伯克希尔》(*Berkshire Beyond Buffett*)一书中整理了伯克希尔·哈撒韦公开披露的交易信息的来源情况。[3] 其中有 11 宗交易是卖家主动联系了伯克希尔·哈撒韦，9 宗交易是当时的业务相关人联系了巴菲特，7 宗交易是朋友或者亲戚主动找到了巴菲特，4 宗交易是伯克希尔·哈撒韦直接联系了卖家，3 宗交易是陌生人或熟人引荐的。[4]

以伯克希尔·哈撒韦 1986 年收购斯科特·费策尔公司(Scott Fetzer Company)为例。当时有一家"大型投行"想要为这样一家体量中等的多元化企业集团找一个买家，但是却没有成功。在这家公司被恶意收购者盯上以后，巴菲特联系了斯科特·费策尔公司的 CEO 来讨论收购事宜，之后很快就达成了收购意向。

巴菲特气愤地指出，尽管没有找到买家，但斯科特·费策尔公司仍旧要向这家投行支付 250 万美元的服务费。根据伯克希尔·哈撒韦的经验，巴菲特相信，最好是让买家和卖家直接联系，而不必通过投行或者经纪人。巴菲特经常用自己最爱的一则名言告诫世人："永远不要问理发师你是不是该剪头发了。"

在典型的收购案中，在进行协议条款谈判的同时，会计师会考查一家公司的财务控制能力和财务指标，而律师会调查公司的合同、合规情况和诉讼事宜。这种审查是在公司的总部完成的，通常会反复召开会议，主要负责人会全面了解情况，并巡视目标公司的各种设施。整个有中间人深度参与的过程可能会花费几个月的时间，而且会产生一大笔费用。伯克希尔·哈撒韦——可以很骄傲地说——几乎不做这些事情。

巴菲特跟人谈事经常只用几分钟的时间，有时候只需一个电话就能达成交易。开会不到两个小时就达成交易的情况很常见，最长也几乎不会超过一周，很快就会签署正式的合同。从初次接触算起，很多交易——包括那些涉及数十亿美元的交易——都能够在一个月之内彻底完结。

本杰明·摩尔公司（Benjamin Moore & Co.）是一个涂料公司，也是一个家族企业，公司的股票在场外交易市场挂牌。决定出售后，该公司随即聘请了财务顾问，顾问研究后给出了建议估价，但是这家公司找不到愿意出这个价格的买家。有关董事就联系了巴菲特，表示本杰明·摩尔公司就是符合伯克希尔·哈撒韦收购标准的公司。

巴菲特简单问了几个问题，看了一些官方文件，一周时间内就给出了收购方案。他表示愿意以 10 亿美元现金收购本杰明·摩尔公司，公司董事们接受了这个提案——他们意识到不大可能找到一个出价比巴菲特还高的买主。相关的尽职调查就只是巴菲特、本杰明·摩尔公司的 CEO，以及伯克希尔·哈撒韦负责基本的尽职调查的外部律师团队凑在一起开了个会。（我们会在下一章中继续讨论对本杰明·摩尔公司的收购。）

巴菲特坚持要待在他的"能力圈"内，这一点让他能够在做了适度的调研之后做出重大的决定。一方面，他在商业领域的阅读量非常惊人，这让他对很多公司及公司负责人有广泛的认识和充分的了解。另一方面，他还严格要求自己只涉足擅长的领域，只关注自己接受的管理方法。当他觉得超出了自己的"能力圈"时——无论是对公司、对管理方法，还是仅仅评价相关的人——他都选择直接跳过，不予考虑。

尤其是说到信任，如果巴菲特对一个潜在的商业伙伴——卖家、经理人或者其他人——的可信度存在任何疑虑，那么他通常都会很有礼貌地予以回绝。这也是"信任边际"的核心所在——仅仅能够精准地判断公司、管理方法或者人的品质是不够的，尽管巴菲特久经磨炼，早已具备了这些技能。坚持原则，避免所托非人，这才是最重要的。

第二部分
思维方式

第4章 交 易

俄亥俄州立大学的教授约翰·米勒在自己那本优秀的著作《资本主义、民主与拉尔夫漂亮的杂货店》（*Capitalism, Democracy, and Ralph's Pretty Good Grocery*）中强调，信任是完成交易的必要条件。因为信任，美国商业史上一些重要的交易才得以达成。

纵观美国的商业史，人们一直是靠信任和声誉完成交易的。例如，19世纪时美国标准石油公司和铁路公司之间的合约，对于双方都有极其重要的经济影响，而两家公司却不过是在一次握手后就确立了合作。确实，假如需要法庭出面才能完成一宗交易，哪怕只有一丁点儿这种可能，那么这宗交易从一开始就不大可能圆满。双方费了很大的力气，奔着能各取所需建立起了信任，却要通过冷冰冰的法律手段才能确保会对彼此以诚相待，结果只会适得其反。[1]

虽然美国企业界大多数玩家都遵从法律合约规定的正式手

续，但是双方的磋商却通常并不需要太多法律层面的介入。巴菲特就很青睐非正式的途径，尽管煞费苦心的正式协议在很多情况下都在所难免。巴菲特的眼光以及他所经手的合约，是有关巴菲特的书籍或文章中从来不会讨论的话题，然而正是这一点，让我们认识到他对于信任的无比重视。

非正式的承诺

巴菲特从 1965 年开始执掌伯克希尔·哈撒韦至今，一直在不断做出许多非正式的承诺。其中有两个他从一开始许下的承诺最为著名。第一个承诺是他一贯的宣言，即在他看来，伯克希尔·哈撒韦不是纯粹的股份制公司，所有的股东都是伯克希尔·哈撒韦的合伙人。巴菲特曾在年报中公布过十几条经营准则，这一条高居榜首，它最早出现在 20 世纪 80 年代中期，从 1995—2017 年，每一年的报告里都有这一条。

如果公司确实是合伙制，那么巴菲特和伯克希尔·哈撒韦的其他负责人要对股东履行更为严格的效忠诺言，胜过法律规定的公司董事必须要承担的信托义务。假如此话当真，那么巴菲特一再强调的合伙制这一宣言就算是有法律约束力了。

而结合说话的背景来看，这些宣言表达的是鼓舞人心的经营理念，传递的是一种信念，股东跟巴菲特一样是公司的所有者。当然，没有一个股东曾经起诉过伯克希尔·哈撒韦存在违背合伙人职责的情况，毕竟即使以最严苛的合伙人职责作为衡量标准，巴菲特和伯克希尔·哈撒韦的其他负责人都堪称无愧于心，这一点是毋庸置疑的。

但是，年复一年，巴菲特不仅在反复重申，也在努力践行这一诺言，他的承诺越发令人信服。与此同时，伯克希尔·哈撒韦的股东也越发尊重他的意愿，让他能履行自己的诺言。这个过程反映的是如何通过商业实践而非法律契约来积累商誉。它体现了米勒在《资本主义、民主与拉尔夫漂亮的杂货店》一书中引用那句话时所表达的观点："双方费了很大的力气，奔着能各取所需建立起了信任，却要通过冷冰冰的法律手段才能确保会对彼此以诚相待，结果只会适得其反。"

现在我们来看巴菲特两大著名承诺中的第二个。40 年来，巴菲特在各种场合，在伯克希尔·哈撒韦的官方文件中，在演示材料中，在评论中，均不断表示：当伯克希尔·哈撒韦收购一家公司时，它希望能永久持有。他在这个倡议方面做得很好——哪怕是那些财务状况堪忧的公司，他还是让其继续存活着。这是让卖家对巴菲特坚信不疑的一个承诺。[2]

伯克希尔·哈撒韦在进行收购谈判时会直接亮明这一点，而且这也是很多卖家，特别是家族企业和企业家选择伯克希尔·哈撒韦的一个根本原因，因为他们珍视"永久"这个承诺。但是在伯克希尔·哈撒韦正式签署的收购协议中根本看不到这样的承诺。这完全说得通，因为这只是一个意愿，当然后面也会有实践的支撑，但这很可能是伯克希尔·哈撒韦从实际出发能给予的全部，也足以为卖家提供一个继续交易的依据。

而且，假如一个卖家要求巴菲特或者伯克希尔·哈撒韦把这个承诺书面化，写到具有法律效力的合同中去，此举所释放的信号就可能会被解读为不信任买家，可能就会导致交易终止。这里我们还是要引用《资本主义、民主与拉尔夫漂亮的杂货店》当中的话："假如需要法庭出面才能完成一宗交易，哪怕只有一丁点儿这种可能，那么这宗交易从一开始就不大可能圆满。"

收购协议与财务报表

20多年来，伯克希尔·哈撒韦收购了大约20家上市公司。[3]这些交易的落地都伴随着双方共同签署正式协议，遵循上市公司的惯例。这些以及所有类似收购的共同关注点就是卖家的财务报表，这代表的是公正的论述，也是所有买家所倚重的。

这些财务报表的陈述都十分详细，会直接参考一些很难懂的内容，包括财务报表附注、证券法文件附表、资产负债表、损益表和现金流量表——都有明确日期或者时段；遵循一套具体的会计准则，例如一般公认会计原则（GAAP）、国际财务报告准则（IFRS）或其他综合会计准则；并以列出例外情况的单独附表为准。

律师和商界在解读财务报表陈述的过程中倾注了大量精力，

力求让双方对一致达成的协议没有任何疑问。他们努力做到滴水不漏，让双方都无法再争辩说承诺不够清楚或某个问题没有定论。实际上，双方都是在尽量防止另一方将来会在法庭上辩解，法官应该不予理会书面的普通条款，而是先听听与协议签订背景有关的证词。

伯克希尔·哈撒韦在早期的收购中曾经两次碰到很特别的财务报表声明。巴菲特在 2013 年和 2014 年的"致股东的信"中重提了这些往事，再次回顾了这些对伯克希尔·哈撒韦有决定性意义的交易。当时，这两次收购不仅意义重大，而且涉及了个人的特征，所以风格迥异：一次是与巴菲特的朋友打交道，另一次则是与一个家族企业打交道。

第一个例子讲述了伯克希尔·哈撒韦最早，而且就规模而言是其史上最重要的一次收购——1967 年收购国民赔偿保险公司，该公司如今已成为世界上最大的财险公司之一。巴菲特在自己 2014 年的"致股东的信"中这样回忆道：

从 1967 年以来，（保险业务）一直是公司业绩增长的关键引擎。当时我们以 860 万美元的价格收购了国民赔偿保险公司和其兄弟公司国家消防和海洋保险公司（National Fire & Marine）。这笔收购对公司意义深远，虽然其过程十分简单。

我的朋友——这两家保险公司的实际控股股东杰克·林沃尔特来到我的办公室，向我表达了他的出售意向，15 分钟后，我们就达成了一致意见。杰克的公司并没有接受外部公司的审计，我也没有对此做任何要求。这是因为：（1）杰克是一个诚实的人；（2）如果收购过程过于烦琐，他可能就会放弃交易了。

收购合约就这样完成了，双方都没有请律师到场。这笔交易是伯克希尔·哈撒韦最成功的一笔交易，时至今日国民赔偿保险公司的 GAAP 净值达到 1 110 亿美元，超过了全球其他所有保险公司的总和。

第二个例子是伯克希尔·哈撒韦早期进行的一次收购，对方是一个家族企业——1983 年收购内布拉斯加家具城（Nebraska Furniture Mart），当时这家公司的大股东是布朗金家族，这同样也是一次重大事件，再次印证了伯克希尔·哈撒韦以信任为关系之基石的原则。巴菲特在 2013 年的"致股东的信"中这样回忆道：

我拿着自己起草的不到一页半的收购意向书去见 B 夫人（罗丝·布朗金）。B 夫人在没有改动一个字，没有投资银行家和律师在场的情况下接受了我的收购协议（在专业人士看来这是不可思议的事）。虽然公司的财务报告并没有经过审计，但我也毫不担心。B 夫人告诉我的就是实际情况，她的话对我来说足够了。

对国民赔偿保险公司和内布拉斯加家具城这两家公司的收购都体现出异乎寻常的信任。伯克希尔·哈撒韦以很不正式的方式完成了这些重要的投资。这种交易的一个关键因素是财务报表，而只要巴菲特信任的个人对此报表发表一般声明，证明其真实性，伯克希尔·哈撒韦即予以接受。但是假如最后发现财务报表不准确，或者巴菲特对相关账目的解读跟国民赔偿保险公司或内布拉斯加家具城不一样，又当如何呢？

在传统的正式合同中，财务报表陈述规定了该如何解决纷争，类似该报表是"公允呈现的"或者"符合 GAAP"，然而在这些非正式的契约中，并没有这样的规定。解决任何分歧都需要了解交易的背景、协商过程以及双方对彼此的了解。

可能巴菲特只是简单地假定他和林沃尔特以及布朗金要么是彼此了解，要么是能够解决分歧。如果他们需要转而找一个公允的仲裁者，例如依靠法庭来裁决，那么仲裁者就需要搜集大量的信息，非正式契约中的相关规定十分有限，必定是不够的。

关键就在于各方对彼此高度信任。如果说，在工业时代的美国，最具影响力的正式交易就是石油和铁路之间的交易，那么对于伯克希尔·哈撒韦而言，最具影响力的就是它跟国民赔偿保险公司和内布拉斯加家具城的交易。这些早期的收购奠定了巴菲特和伯克希尔·哈撒韦重视信任的声誉。巴菲特决定在自己 2013年和 2014 年的"致股东的信"中重新讲述 1967 年和 1983 年的这些旧事，这再一次印证了他对于信任的价值始终坚信不疑。

最大努力和正当理由

许多收购都会涉及很多协议，除了需要一份正式的兼并协议，同时还需要给重要的高管准备一份单独的雇佣协议。在1986年，伯克希尔·哈撒韦收购斯科特·费策尔公司时就是这种情况。在那次事件中，伯克希尔·哈撒韦充当的就是把斯科特·费策尔公司从恶意收购中解救出来的"白衣骑士"。

兼并协议是由芒格代表伯克希尔·哈撒韦签订的，大部分文字也都是由他起草的。[4]最开始准备的合同只有4页，随后又几经修改，最终版有8页——大约是当时兼并协议平均长度的20%。

有些条款是常规性的，也很直接。例如，在几条简单的陈述中，最核心的一条是关于财务报表和证券法备案的。同样，其中有一条限制条款：斯科特·费策尔公司不得与其他可能出价更高的竞标者谈判（"排他性"条款）。

此外，还有一些新条款，其中一条是，虽然根据国家法律规定，斯科特·费策尔公司只需要获得多数股东同意即可进行交易，但是此兼并协议却要求2/3以上的绝对多数股东同意。此外，"排他性"条款排除了任何的例外，禁止董事会根据信托义务的要求与第三方探讨此事。[5]

然而相反的是，该协议对斯科特·费策尔公司的董事会的要求是，尽"最大努力"来完成与伯克希尔·哈撒韦的交易。这是一个很含糊、很宽泛的概念，其意义取决于具体的背景。但是，说到背景，这一"最大努力"条款又新增了一个具体要求：如果没有获得 2/3 的绝对多数股东同意，那么斯科特·费策尔公司将在下一季度再次召开会议，"继续以卓绝的努力"来获得所需的票数。该协议随后明确解释了为何会有这样一条规定，对于典型的兼并协议来说，这也是一个很罕见的特色：

进行两次"可能的股东意见征集"这一安排的目的是：（1）尽早安排第一次（很可能是唯一一次）意见征集，方便早一些向斯科特·费策尔公司的股东支付兼并款；（2）保证（伯克希尔·哈撒韦）这样一家信誉极好、负责任、下决心要把偶发事件控制到最少的企业，本着为斯科特·费策尔公司的股东着想的原则，承诺愿意在这次兼并上多花一些时间，既是为自己好，也是由于自己的承诺，这样才能全面认真地考虑斯科特·费策尔公司的股东所提出的交易条件，这种相互的承诺之所以是合理的，是因为协议提交以后，经受住了严酷的考验——获得了斯科特·费策尔公司 2/3 的优秀股东的认可。

这一条款简单明了，表意清楚，令人振奋。这种方法与很多其他方法大不相同，任何一位解读合同的评判者都会注意到其中所透露的谋虑。大多数"最大努力"条款包含的责任范围，通常都意味着需要注意到背景，但是该条款却直截了当地提出双方希望董事会所承担的责任。

前文提到过，"最大努力"条款在任何情况下都适用——哪怕是公司的信托义务要求董事会与其他竞标者讨论可能更有利的收购提议。要让法庭相信这些条款是很困难的，而且法庭有时会表示，受托公司不得制定撇清其信托义务的合同。[6] 在合同的表面含义和交易的背景之间经常存在着拉锯战。

在这个例子中，背景就是"白衣骑士"与斯科特·费策尔公司的董事会坚决抵制了不止一次的恶意收购之间的竞争。斯科特·费策尔公司和伯克希尔·哈撒韦都更青睐最严苛的条款，它们似乎都十分信任彼此，也非常怀疑其他所有竞标者。

斯科特·费策尔公司的协议也要求伯克希尔·哈撒韦尊重卖方现有的高管聘任协议。为此，伯克希尔·哈撒韦为斯科特·费策尔公司的CEO拉尔夫·沙伊单独制定了一份雇佣协议，巴菲特在几年以后以董事会主席的身份在"致股东的信"中这样写道：

在我们正式买下斯科特·费策尔公司之后，马上就与拉尔夫·沙伊签订了薪酬协议，我们只花了五分钟就达成了一致意见，这中间没有任何律师或人力资源顾问的"协助"，这一安排体现了几个简单的概念，并且与那些不得不提出复杂的条款，否则就无法附上高昂账单的人力资源顾问大相径庭（而且每年还需要定期检视这些条款，结合实际考虑是否有修正的必要）。

反观我们与拉尔夫的协议，到目前为止从未变过，早在1986 年我们双方就认为协议是公平合理的，至今仍是如此，同样，我们与旗下其他事业单元的经理人的协议也都相当简单，当然考虑到产业特性的不同，以及部分经理人同时拥有部分股份等，也会视具体情形而定。

因此，在与斯科特·费策尔公司的这次交易中，有两份不同的协议：一份正式的兼并协议（篇幅短到惊人）和一份非正式的雇佣协议（不过很显然包含了关键的薪酬条款）。这样做有充分的理由：兼并协议发挥的作用是具体的、不连续的，而且是暂时的、一次性的。斯科特·费策尔公司的董事说服股东同意这次兼并，交易完成，伯克希尔·哈撒韦获得了公司的所有权。一方面，有一定程度的信任当然很重要，而且条款越少越好；另一方面，专注于真正重要的事情，而不必理会其他，这样做起来更容易。

相比之下，雇佣协议要处理的是现有的无固定期限的劳动关系——一直持续到沙伊 75 岁退休，共计 14 年。薪酬和激励措施当然都很重要，但是很难说什么才是最重要的。因此，雇佣协议才会明确员工的职责，这些协议通常都会使用很宽泛的语言，例如要求员工代表雇主尽"最大努力"。这一理念要有信任作为支撑，确定所牵涉的具体职责需要注意背景。

伯克希尔·哈撒韦完成收购以后通常都会继续履行与经理人的雇佣协议——有些协议是很详细的。戴维·索科尔的协议就是如此，2000年伯克希尔·哈撒韦收购中美能源公司时，他是这家公司的CEO。这份协议共有15页，单倍行距，内容相当详尽，包含了协议终止时的种种对策，可谓错综复杂。

索科尔是伯克希尔·哈撒韦最受瞩目的子公司的CEO之一，一直被公认为是巴菲特的接班人。但是2011年，他因为在推荐巴菲特收购一家公司之前先行买入了这家公司的股票，而让伯克希尔·哈撒韦面临非议——涉嫌抢先交易。索科尔的这份雇佣协议之所以至关重要，是因为该协议对"正当理由"给出了十分严格的定义，限制了公司终止协议的权利。

这份协议共计用了425个单词来阐述"正当理由"：对其中涉及的类似"任意"这样的法律概念也进行了界定，其中有诸如严重渎职和明显有害等限定条件，要求提前告知有何不足并需遵照规定的标准通过董事会决议。对于一个深陷泥沼的高管来说，这一条规定严厉而直白，法庭甚至都不需要翻开法律词典查找"任意"这个词的含义。

但是假如用一种不那么针锋相对的方式签署了雇佣协议，类似巴菲特与沙伊之间的"君子协议"，在这种情况下，若签约的高管遇到了麻烦，又当如何处之呢？协议本身规定了合同期限，所以要提前终止协议就需要一个合法的理由（"正当理由"）。但到底什么才算是"正当理由"，这取决于通用的法律定义和具体的交易。

想必抢先交易就算是终止协议的"正当理由"了，所以假如依据这样的协议，索科尔就要出局了。毕竟，信任危机出现后需要及时修复。但是，实际上，索科尔的雇佣协议并不是与伯克希尔·哈撒韦能源公司签署的，而是与其前身中美能源公司签署的，这样一来，伯克希尔·哈撒韦要终止协议就更难了。索科尔的律师甚至声称，那份雇佣协议是允许抢先交易的。

最终，伯克希尔·哈撒韦还是遵照公司的流程，终止了与索科尔的雇佣协议。公司采取这样的行动，依据的是具体的合同条款，这些条款并非源于信任，而是源于冷冰冰的法律条文（我们会在尾声部分从其他角度进一步详细探讨）。

合同的精神和措辞

在起草和解读合同的过程中，无论是合同的措辞还是合同的精神，到底哪一个对合同的正式或非正式程度影响更大是很重要的问题。在这个问题上，另外一组伯克希尔·哈撒韦合同形成了鲜明的反差：严格遵守非正式的承诺，而正式的合同却并未得到切实执行。

两个例子均是伯克希尔·哈撒韦收购了在历史或经营方面有家族企业背景的上市公司：一个例子是 2000 年收购涂料制造

商本杰明·摩尔公司，它是长期坚持用独立的分销商而非大型零售商的典范；另一个则是 2013 年收购调味品制造商亨氏公司（H. J. Heinz Company），这家公司对自己的家乡匹兹堡及当地社区可谓十分忠诚。

这两笔交易有一个显著的区别：伯克希尔·哈撒韦收购了本杰明·摩尔公司的全部股份；但是收购亨氏公司，却是跟私募股权公司 3G 资本（3G Capital）联合完成的，3G 资本是其中最主要的决断者。

在本杰明·摩尔公司的例子中，共签署了好几份协议，包括一份正式的兼并协议和一份股东协议，主要是把摩尔家族和其他内部人士纳入交易范畴。所有的参与者都认可独立分销系统对公司的重要性，相关的公开披露对此毫不避讳。

正式协议中不包含其他相关的承诺，但是，交易完成以后，听闻其他分销商对公司是否要继续保留分销系统有所担忧时，巴菲特专门录制了一个视频，他在视频中公开承诺会继续维持这一体系，未来不会让公司通过大型零售商出售产品。后来，当本杰明·摩尔公司的两个继任 CEO 表示愿意因为经营需要而背弃这一承诺时，巴菲特就直接干预了，并把这两个人赶出了公司，这也是在践行他自己的诺言。

在亨氏公司的兼并协议中，有整整一节描述了公司与匹兹堡的文化关联。它宣称："交易完成以后，公司目前在宾夕法尼亚州匹兹堡的总部将会是存续公司的总部。"

这次交易中有一份存续协议，是这家由伯克希尔·哈撒韦（称为"母公司"）联合收购并持有的子公司所缔结的，协议承诺："交易完成以后，母公司应让存续公司保留公司的遗产，继续支持匹兹堡的慈善事业。"

协议提到依照合约，公司有权将匹兹堡专业的体育场馆命名为亨氏球场（Heinz Field），并要求继续保留这个名字。协议还要求各方在关于本次交易的新闻发布会中重申这些承诺。

但是，在收购完成一年后，此时亨氏公司的最高负责人已变成伯克希尔·哈撒韦的联合收购伙伴3G资本所任命的经理人，位于匹兹堡的公司总部裁减了300个工作岗位。随后不久，亨氏跟总部在芝加哥的卡夫食品公司（Kraft Foods）合并，成为卡夫亨氏公司，标志着公司在匹兹堡的规模进一步缩减。

尽管公司采用了双总部，表示还会继续保留有关匹兹堡的协议，但是当地人感觉到了产业的空心化，察觉到公司要迁往芝加哥。公司的行为可能没有违反协议，但是引发了很多问题。在本杰明·摩尔公司，即使是最不正式的承诺，也会竭尽全力、小心翼翼地遵守，而在亨氏公司，极其正式的协议竟然是用非常技术化的手段来管理的。

那么，执行的情况怎么样呢？在本杰明·摩尔公司，可能是确保分销商来履行巴菲特的承诺。虽然分销商的中心地位和担忧尽人皆知，但是公司却直接向分销商做出了明确承诺，如果想要留下来，那么就有义务履行承诺。

一般来说，维持公司形象的长期承诺都要求用语准确，而且不容篡改，但在亨氏公司却并非如此。例如，没有时间框架（只是不断重复说"从交易开始至结束"），也没有基准（只是模棱两可地表示"保护遗产"和"支持慈善"）。

另外，对亨氏公司的承诺是买方做出的，一旦交易完成，买方就成了卖方的所有者，所以根本不会起诉自己违约。协议公开否认了第三方的执行权，特别声明的除外，类似公司对其有法定赔偿义务的期权持有人和个人。此外，协议并未提及匹兹堡总部的人员、匹兹堡的慈善事业，或者亨氏家族。原本是很正式的一件事，但似乎根本就没有承诺，最多也只能算是一个找不到履约人的承诺。

然而，具体情况又是怎么样的呢？对于巴菲特这样一个以信任为信仰的人而言，协议是承诺的载体——虽然不太精确，但考虑到背景，也是可以理解的。你可能甚至会说在匹兹堡承诺和无第三方权利条款之间存在冲突，需要更多信息才能确定这一条款的真正意图。这种冲突可能暗含着匹兹堡承诺只是作为一个宣传的噱头而被放在协议中。假如不信，你可以设想一下，匹兹堡的利益相关方心里到底是怎么想的。

对本杰明·摩尔公司的承诺，与其说是一种合同义务，倒不如说更像是一种出于慈悲而做出的保证——很像是巴菲特"永久持有公司"的诺言，他在视频中也这么说了。同样，亨氏公司的协议很可能是表达"当下的主张"，是传递商业信念的声明，而非法定的协议——更像是巴菲特说伯克希尔·哈撒韦是合伙制的诺言。但是，最终亨氏公司的合同和后续的行动更像是一种典型的公司收购模式，而非更加基于信任的伯克希尔·哈撒韦模式。与 3G 资本联合收购亨氏公司，只这一点就足以解释这种差异。（我们会在第 7 章中更加深入地讨论这一交易以及整个私募股权。）

......

在公司收购协议的历史上有一句名言："在得克萨斯州，握手就相当于确立协议。"这一观点在 1985 年说服了得克萨斯的陪审团，判定德士古（Texaco）公司有罪，因其恶意破坏盖蒂石油（Getty Oil）公司和鹏斯（Pennzoil）公司之间的并购。虽然二者并未正式签署详细的兼并协议，但是陪审团做出的赔偿 100 亿美元的裁决还是让德士古公司彻底倒闭。[7] 无论背后是否有好的法律或明智的公共政策作为支撑，人们确实会依赖非正式的承诺来确定关系。这是一种值得注意的实践，哪怕大家都知道在签订正式的书面协议之前，还有很多法律细节需要考虑。因此，既要重视法律的措辞，也要重视交易的精神，这才是可取之道。

第 5 章　董事会

挑选杰出的 CEO

巴菲特在面对任何一位董事候选人时，首要考虑的问题就是他是否会从股东的利益出发。若想与股东建立信任，最好的方法莫过于提拔这样的人到公司董事会了。

在巴菲特看来，信任是董事会所必需的，信任意味着董事会最重要的职责就是：挑选一名杰出的 CEO。其他所有任务都是次要的，因为只要董事会选择了一位杰出的 CEO，那么以后公司所面临的难题就会少很多。

然而，很少有董事会能这样一帆风顺，所以巴菲特就亲自为上市公司的董事提供额外的指导。而且他本就应该了解这些董事。他曾经开玩笑说，鉴于他在几十家上市公司董事会所担任的职务，可以看出他身上有一种"非常强烈的受虐基因"。[1]在他的董事生涯中，他接触过 300 多位董事和几十位 CEO。

巴菲特眼中非常优秀的 CEO 人选如下：托马斯·墨菲，他是大都会通信公司的一把手，全程参与了 1985 年对美国广播公司的收购；罗伯特·伊热，墨菲极力提拔之人，从 2005 年起开始管理华特迪士尼公司；凯瑟琳·格雷厄姆，她从 1973—1991 年一直负责华盛顿邮报公司，将公司打理得井井有条。

这些 CEO 全都通过了巴菲特十分务实的底线测试：谁都会信任他们，谁都愿意让自己的孩子跟他们结婚。

巴菲特表示，对每位 CEO 的评估必须要根据一系列的绩效考核标准。制定这些标准的是董事会的外部董事，他们必须要依据这些标准定期评估 CEO——CEO 本人是不能在场的。这些标准应该是针对具体的公司和企业文化的，但是必须要强调基本的底线，例如净资产收益率，以及每股市值的增长。

其业绩不应基于每季度的收益或者相关指导性目标的完成情况。实际上，巴菲特认为那些不给分析师提供营收指引的公司反而发展得更好。董事可以提醒 CEO 这样的指导没有必要，可能并不会为股东带来什么好处。

为了推进信任的环境，巴菲特建议，董事会的行为举止，应该要像是公司背后有一个因事未出席的大股东一样，在各种情况下，都要能够确保这位虚拟大股东的长期利益不会受到损害。他们需要独立思考，压缩"长期"所赋予 CEO 的回旋余地：虽然公司领导应该按照年，而非季度来考虑问题，但是绝对禁止把持续的低绩效的表现合理化，一直不停地考验股东的耐心。出于这样的考虑，最好的方法莫过于让董事们大量购买并持有所在公司的股票，只有这样他们才会真的从所有者的角度行事。

巴菲特本人就体现了这一训诫。他是最出类拔萃的股东拥护者，他所在的董事会几乎都是由伯克希尔·哈撒韦担任大股东的公司的董事会。比较知名的例子包括大都会通信公司 / 美国广播公司（1986—1996 年），可口可乐公司（1989—2006 年），吉列公司（1989—2003 年），卡夫亨氏公司（2013—2016 年），所罗门公司（1987—1997 年），全美航空公司（1993—1995 年），华盛顿邮报公司（1974—1986 年和 1996—2011 年）。

巴菲特的董事会任职也是一种长期承诺。在上面提到的所有例子中，除了两次例外情况，他的董事任职结束均是因为公司不存在了：大都会通信公司 / 美国广播公司并入了华特迪士尼公司，吉列公司并入了宝洁公司，所罗门公司并入了旅行者保险公司（Travelers Insurance），全美航空公司并入了美国西部航空公司，华盛顿邮报公司经历了资产分割和出售。至于两次例外，其中一个例外是卡夫亨氏公司，巴菲特在这家公司的接班人是伯克希尔·哈撒韦的副主席格雷格·阿贝尔。

另一个例外是可口可乐公司。虽然伯克希尔·哈撒韦一直以来在这家公司都持有很多股份——当时价值 80 亿美元，如今已接近 200 亿美元，然而在 2005 年，加州公共雇员养老基金（CalPERs）以及机构股东服务集团（ISS）对巴菲特作为董事的独立性提出质疑。他们引用反对特定业务关系的核查规范，指出形形色色的伯克希尔·哈撒韦子公司，包括冰雪皇后公司

（Dairy Queen Corporation），都是可口可乐的客户。

　　在随后的董事选举中，只有 16% 的可口可乐股东对巴菲特投了反对票，所以他又当选了，然而他选择了退出。虽然我们不赞成那些怀疑巴菲特独立性的人，但他回应了股东的投票结果并且树立了一个榜样：任何获得一定反对票的股东都应退出董事会。但是这场争论其实有些蛮不讲理，CalPERs 和 ISS 都没有问过巴菲特在可口可乐公司到底是不是一位可靠的股东资本管家，这个问题需要了解背景，而不仅仅是参考一份规范清单。

　　如果 CEO 的表现一直都不能达到外部董事们所设定的标准，那么董事会就必须换掉这任 CEO。这一点对于他们所监督的所有其他高级经理人也同样适用，假如英明睿智的大股东本人在场，那么肯定也会做出同样的决定。此外，董事必须是股东资本的管家，绝对禁止公司因为管理失当而让股东承担后果。这种"从股东的口袋里掏钱的扒窃行径"有多种表现形式，包括盛气凌人地胡乱进行收购，通过利益交易扩大自己的管理势力，甚至是在面对内幕丑闻或处理相关公司危机时鼠目寸光。

　　所有这些问题都会影响信任，在处理这些问题时，董事的行动必须要公平、迅速、决绝。在危机中，伯克希尔·哈撒韦的咒语就是"要正中要害，要速战速决"。[2] 经典的案例就是前文提到的 1991 年的所罗门债券交易纠纷。当时所罗门的 CEO 约翰·古特弗罗因德在明知这种行为是违法的情况下，依然让问题持续发酵，一直没有解聘犯错之人，也没有通知董事会或者监管人员。当董事会意识到这些极其严重的问题时，立即要求古特弗罗因德辞职，然后任命当时还不情不愿的巴菲特领导这家投行走出黑暗，重振雄风。

董事在意识到公司管理存在问题，包括信任受到威胁时，应该理智地提醒其他董事注意这个问题。只要能说服足够多的人，就可以共同努力，一起协调解决难题。

信任董事会

近年来，在美国的董事会，信任一直被低估，只是被当作机械的公司治理方法之外的辅助手段而已。具体的实例包括拆分董事会主席和 CEO 的职责，扩大董事会规模，增加独立董事的人数，采用一套新的道德规范，更新公司的合规方案，任命多个委员会管理公司等。

虽然这些举措确实可以改善机构的状况，但决定企业文化的非正式规范的作用更大。董事们都在竭尽全力，提倡、赢得并维持一种基于信任的企业文化——选拔值得信任的 CEO，让股东相信他们的判断等。

巴菲特表示，公司应该让董事们能接触到公司最重要的长期投资者。身为这些股东的代表，董事们应该共同讨论那些会影响到长期价值、需要股东投票批准的问题。实际上，公司应该寻求让两者相互接触的途径，让董事能了解到股东的思维方式。

哪怕是优秀的董事也可能会因为巴菲特的所谓"董事会习性"而栽跟头。"董事会习性"是指董事会内部一派和谐，在这些人看来，贸然引入某些话题就像是在餐桌前打嗝一样不雅——无论是质疑一次收购是否明智，还是 CEO 的继任问题。

巴菲特敦促，要调整董事会的这种沟通氛围。具体要如何做，取决于企业文化和人员的个性。除了正式的会议外，董事会还可以召集大家一起聚餐、参加培训课程或者是静修。所有这些活动都为董事们的交涉创造了机会，可以让他们彼此间建立信任，促成更好的商议结果或者成果。

巴菲特提出，在这种时候，股东也可以发挥作用。在一些大型机构，只要股东团结一致，就可以对一家公司的管理进行有效的改革，只需对那些放任恶行的董事投反对票就够了。他感叹道："这种一致行动是大幅提升公司凝聚力的唯一途径。"[3]

最后，当董事们开始着手准备他们自己的继任规划时，应该选择具有哪些品质的人来担任新的董事呢？答案就是能够遵守这些训诫的人，换言之，就是那些精通业务，善于根据企业具体的业务和文化，招募经理人和监督层的人；那些以所有者的利益为导向的人，他们愿意参与，热爱表达，擅长沟通而且精明。基本的习惯，例如勤奋、做好准备以及专注都是必需的。然而，最重要的是，公司要竭尽全力找到值得信任的董事，董事会要竭尽全力任命杰出的 CEO，然后放手让 CEO 去管理公司。

第6章　内部事务

　　伯克希尔·哈撒韦模式最普遍的表现就是保留了管理设计和企业结构变更的可能。这可以延伸到很多话题，包括公司CEO的能力，以及信任与管控在组织方向上的作用，特别是董事会的特点和职责。30年来，美国就这些议题所制定的各种政策都与伯克希尔·哈撒韦的模式背道而驰。

　　在伯克希尔·哈撒韦崛起的后半段，美国公司的董事会从咨询模式转向了监督模式。人们从不同的角度出发，认为外部董事才是应对公司管理挑战的解决之道。董事独立性这一概念迅速崛起，取代了董事的知识和技能在企业中的重要地位。

　　这一转变模糊了伯克希尔·哈撒韦引以为傲的董事应具有的特征，特别是所有者导向、对公司的了解，以及致力于实现伯克希尔·哈撒韦的繁荣。这些政策的出现很大一部分是由于时不时就需要平息政治争议或应对危机。大家开始一致追求董事的独立性，因此而犯下的错误让公司付出了沉重的代价。[1]

　　尽管董事保持独立一直都是企业管理中一个备受推崇的特色，但是人们也逐渐重新开始重视起专业知识。2002年的《萨

班斯 – 奥克斯利法案》只要求董事会具备金融知识，2010 年的
《多德 – 弗兰克法案》对薪酬委员会也提出了同样的要求。内部
董事这种情况是存在的，哪怕这种个例要面对很多非议。

　　伯克希尔·哈撒韦的模式证明了专业知识的价值，同时也
证明了有必要保留一些审议机构来应对危机（例如终止与高管
的雇佣协议），以便在公司转型时指导公司的发展方向（巴菲
特很清楚，自己离开公司以后，公司要继续发展，必须仰仗伯
克希尔·哈撒韦的董事会）。伯克希尔·哈撒韦的模式既说明了
为何要有董事会，又说明了为何要反对其一手遮天。[2] 伯克希
尔·哈撒韦向我们证明了，一家公司也可以凭借老式的咨询委
员会发展壮大。

　　在 20 世纪 90 年代以前，CEO 拥有很大的权力，可以选择
董事会成员，而且 CEO 通常更青睐听话的或者被动接受的股
东。独立委员会和股东激进主义的崛起改变了这种情况。随着
董事会和所有者的影响力逐渐增加，他们可以利用自己的影响
力来限制高层的权力。这种转变的长期效果还未完全显现，但
可能会是翻天覆地的。[3]

　　伯克希尔·哈撒韦模式让我们重新认识到执行权的价值，
也在提醒人们这种董事会层面的变革。毫无疑问，作为 CEO，
巴菲特避开了象征符号的陷阱，即 CEO 很容易变得傲慢或者
无法无天，说明这种错误对于 CEO 来说并非不可避免。[4]
伯克希尔·哈撒韦计划把巴菲特肩负的董事会主席和 CEO 这两

个角色分给两个人，这也体现了针对不同情况灵活管理的魅力所在——在巴菲特任职期间，让两个角色合二为一是最好的，但是在后巴菲特时代，分开才是最好的（第 12 章会专门讨论继任的问题）。

类似的启示在公司内部事务的方方面面都有体现，本章只会探讨一小部分：管控、规范，以及伯克希尔·哈撒韦如何热衷于推动所有者的意识导向。

管控和信任

40 年来，面对各种各样的国家级难题，无论是金融诈骗还是恐怖融资，首选方针皆是公司层面的内部管控。尽管专门用于处理各种问题——例如消费者价格欺诈、工人安全和环境保护——的监管工具在不断推陈出新，但依然很难评估到底这样的管控是不是卓有成效，是不是值得那么高的支出。

公司管控作为内部流程始于 20 世纪初，意在帮助公司达成其目标。这一认识导致人们对结果并没有抱太高期待。然而，从 20 世纪后期开始，当管控成为一种主要的方针之选时，这种做法的负面特征立即显现出来，它成了专门为防止意外事件发生而制定的流程，有这种防范期待的人注定要失望了。

毕竟，管控的能力范围是很有限的，可以用得理性一些，例如，如果是激励型的管控，那么人们的期望值通常也不会太高。但与此同时，倘若势必要通过这般努力防患于未然，则通常会让希望落空，而且管控反倒让落空的可能性更大。

管控因关乎全局而成为一种极具吸引力的方针之选，监督委员会的崛起发挥了重要作用，因为管控与这种监管如影随形，相辅相成。⁵放宽监管和更多的"合作遵从"，让管控成为直接监管之外的满意之选。正是因为抵制"联邦法优先原则"①，人们觉得管控倒不失为一个好方法，可以借机把联邦政策引入公司事务中。

"企业社会责任运动"呼吁企业承担更大的社会责任，专门限制公司股东特定利益的管控措施似乎是为此量身打造的。一整个合规产业就此崛起，在审计人员和律师的带领下，这些人在管控手段的设计、贯彻以及检验方面展现了出色的专业技能。

但是这些力量通常会导致看似有效，看似可以审核，而实则不然的管控结果。因此，美国企业界通常会对这种内部管控期待过高，而实际上这种体系并没有那么富有成效。⁶

然而，在伯克希尔·哈撒韦则是尽量少一些管控，多一些信任，这说明管控并不是促进合规或者其他预期结果所必需的。政策制定者应乐于接受更加基于信任的企业文化，不拘泥于当前盛行的支持管控的环境。公司应该要敢于尝试。

但是即使是伯克希尔·哈撒韦，也维持着一套财务报告内

---

① "联邦法优先原则"是指，基于国家至上原则，联邦法律优先于州和地方的法规，州和地方要在联邦法律框架下行事。——译者注

控体系。巴菲特曾这样开玩笑说："没道成为一个积累问题的傻瓜。"[7]这句话回避了一个问题：在管控和信任、规范和规则之间，到底该如何平衡才好呢？

规范和规则

尽管大多数主流员工都是值得信任的，他们都会自觉遵守公司的政策和适用的法律，但是有一些人却会浑水摸鱼。

为什么大多数人都很忠心耿耿，而一小部分人却被私欲所左右？这个问题似乎难以找到一个确切的答案。有两种理论竞相对此做出解释。

一种理论着眼于成本－收益分析和相关的规则，另一种则关注是非感和规范。规则导向的组织在内部管控上投入了很多，在组织内推行合规文化，而基于信任的组织则在规范上投入了很多，在组织内推行伦理文化。

规则导向的模式把人看作让财富最大化的理性人，他会根据所选用的成本－收益分析来决定到底是服从规则还是破坏规则。[8]成本－收益分析的结果因公司而异。作弊的"收益"可能包括因为实现某些目标而获得的奖励，而付出的"成本"可能包括一旦败露以后要面临的惩罚乘以被抓的概率。公司通过采用正式的内部管控、发布并贯彻规则、定期进行审核，以及实施制裁等手段，提高了自己的经营成本。

对于某些公司来说，为了鼓励合规而设计相应的框架来减少成本－收益这番计算是很难的。这个构思在具体执行时也会因情况的不同而更加复杂，包括要采取的激励措施，不同的个人面临的不同遭遇：时间的变化，一年又一年直到退休；工作的变化带来的前景变化。关键在于，一些公司因为受到激励而实行更加严格的管控。还有随之而来的成本问题，特别是会造成一种令人窒息的官僚感，抑制了公司中的创新和开拓精神。

规范是指是非感。它是一种自发的行为标准，如果偏离这些标准就会觉得可耻。[9]追求目标固然值得鼓励，但不应通过越界或者走捷径来达到目的。在公司内部，规范是由各种力量汇聚而成的，这些力量包括当经理人意识到自己是代表股东行事时心中产生的信任，因无视大众的期待带来的负罪感，公司正式方针中激励的话语带给人的尊重等。

管控和信任各自的成效因公司而异，二者在不同的企业文化中有时成效更好，有时成效更差，两者轮番登场，逐渐帮助确定了企业的文化。

员工相信适用的标准是公平的，任何一条具体的准则都是以合法的方式确定的，这种时候规范的成效是最好的。这就解释了为何巴菲特十分强调诚实和正直这些品性。他要求经理人必须捍卫伯克希尔·哈撒韦的声誉，期待能将这种信息传递给所有员工。

管控和信任的成效与公司的规模也有关系，在相对较小的范围内，人们通常更愿意遵守规范。然而伯克希尔·哈撒韦是庞大的，它有近 40 万名员工，年收入多达 2 500 亿美元。它的解决方案是，通过彻底的分权，分化为几十个规模较小的子公司，然后再将这些分化出来的子公司拆分为成千上万个更小的业务部门。跟员工有关联的是他们自己所属的部门，而不是抽象的大型企业集团的力量。

不妨想想责任。信任是一种强大的动机。责任赋予人力量，会激发出投桃报李的互惠行为，被信任的人不会辜负这种信任。引用亚伯拉罕·林肯的一句话："那些被充分信任的人也会回赠他人以信任。"

伯克希尔·哈撒韦自主经营的实践恰恰说明了这一点，这些年来，几十位伯克希尔·哈撒韦的经理人的做法都与布鲁斯·惠特曼的话不谋而合：正是因为被信任，他们才努力不辜负这种信任。

此外，企业前景也很重要。假如公司所提供的是长远（例如"长达十年的投资回报收益"）而非短暂的企业前景，是宏大而非狭隘的目标（比如"本季度的每股盈利"），此时，规范要比规则更能促进公司的合规文化。伯克希尔·哈撒韦的企业前景和永久持有公司的承诺与这一特点正好呼应。

总而言之，因为公司上层清晰的规范论调、分权、自治以及永久持有的承诺，伯克希尔·哈撒韦基于信任的企业文化才发展得越来越好。与此同时，因为坚持要采用所有者导向，这一体系得以进一步巩固。

所有者意识

为了让股东相信伯克希尔·哈撒韦是合伙制的，巴菲特总是会强调所有者意识对公司来说何其重要。如何创造这种意识在不同的公司机构中做法各异，薪酬安排在其中通常会发挥一定的作用，这也是伯克希尔·哈撒韦分权的另一个原因所在：所有的薪酬都是由直接汇报人这一级别所设定的。巴菲特负责确定总部员工以及子公司负责人的薪酬，而这些子公司负责人则负责确定其团队的薪酬。

一般来说，股票期权从来不在伯克希尔·哈撒韦的薪酬套餐之内。除了巴菲特，没有一个人对公司的整体表现负责，因此，用股票或者股票期权来支付除巴菲特以外的任何人的薪酬都不合适。（未来董事会可能会决定用股票或者股票期权向接班人，例如格雷格·阿贝尔或阿吉特·贾因支付工资。）

相比股票期权，股权是伯克希尔·哈撒韦企业文化中很重要的一部分。例如，很多把公司卖给伯克希尔·哈撒韦的所有者都保留了公司的部分股份。具体的原因随交易而异：有时候是伯克希尔·哈撒韦要求这样安排的，有时候是股东自己要求这样安排的，还有时候则是出于双方共同的意愿。

对一些被收购的公司，伯克希尔·哈撒韦可能会很重视继续保留其传统，希望延续"从所有者利益出发的经理人"这种态度。伯克希尔·哈撒韦收购萧氏工业集团（Shaw Industries Group）时就出现了这种情况，它要求两位高管及其家人在接下来几年继续保留大量股份。到时候伯克希尔·哈撒韦再根据账面价值变动确定股票回购价格，买入剩余的部分。

伯克希尔·哈撒韦做出了类似的安排——大量入股，奠定自己的控股地位，同时在一段时间内为家族经理人暂时留一部分股份——在另外两次大型收购中就出现了这种情况：从普利兹克家族手中收购马蒙集团，以及从韦特海默家族手中收购伊斯卡金属切削集团。在每一个案例中，双方都很看重逐步推进所有权过渡——家族是出于纳税和规划等多重因素，而伯克希尔·哈撒韦则是为了释放稳中求变的信号，使之成为既定事实。

在伯克希尔·哈撒韦，很多激励性安排都是在收购时做出的，米泰克公司的主动示好就是一个很明显的例子，这是一家建筑材料制造商，于2001年被伯克希尔·哈撒韦收购。该公司的母公司在英国，它的子公司的高级经理迫切地想要跟伯克希尔·哈撒韦交易，于是就把公司10%的股票分给了55位经理人，每一位经理人的股票配额是10万美元，很多人借钱也要买入股票。因此这些经理人作为公司的所有者，获得了一定的股份。

在伯克希尔·哈撒韦，很多薪酬安排都是与子公司的利润挂钩的。一些安排不言自明，直接促进了所有者意识。H. H. 布朗鞋业公司（H. H. Brown Shoe Company）就是一个突出的例子。这是一家伯克希尔·哈撒韦风格的公司，该公司最早成立于 1883 年，当时的创始人是来自马萨诸塞州纳提克的亨利·布朗，纳提克是当时美国制鞋行业的中心。1927 年，布朗以 1 万美元的价格把公司卖给了雷·赫弗南，这位创业者当时才 29 岁，他一直经营着这家公司，直到 1990 年以 92 岁的高龄辞世。

赫弗南创造了一种独特的薪酬体系，高管的薪酬名义上是年薪，但其实是分享一部分的公司利润。由于这种激励体制的存在，公司几十年来一直稳步发展，并且中间经历了几次并购，以及进行了世界领先的产品创新，例如使用戈尔特斯（Gore-Tex）面料来制鞋。巴菲特从来没有提过要改变这种薪酬体系，而且这本来也不是伯克希尔·哈撒韦愿意插手的事情。

许多人认为伯克希尔·哈撒韦的薪酬体系是统一的，其实不然。尤其让人震惊的是，不同的公司采用的是不同的衡量标准和相关的薪酬、奖金安排。例如，在政府员工保险公司，每一名工作年限超过一年的员工都可以分享利润。在政府员工保险公司，最重要的是成熟业务的保留率和承保利润。与之相反，在通用再保险公司，重要的是浮存金的增长和成本。

本杰明·摩尔公司的分销商和冰雪皇后公司的特许经营人获取薪酬的方式，跟所有的公司所有者一样——收入减去支出。对于这两家公司而言，这种"从所有者利益出发的经理人"模式让公司产生的费用很低，同时也让公司的收入更高。因此这些公司的高管都受到类似的激励，以所有者导向来管理公司。

创业者有很多动机，赚钱只是其中之一。伯克希尔·哈撒韦旗下的飞安国际公司的阿尔·尤尔茨基和布鲁斯·惠特曼是出于对飞行事业的热爱，以及个人对于有必要进行有效的飞行员培训的认可。而靴子制造商贾斯廷品牌的创始人约翰·贾斯廷，则是想要让别人认可其得克萨斯家族一手打造的牛仔靴公司，以及让他自己更加贴近牧场生活。但是这三人也都追求业务发展的结果，归根结底都要体现到钱上。

大多数创业者的动机都是多重的：渴望追求自身利益——为了一些非物质的价值——并获取盈利。甚至对于那些在财务上已经很成功的人来说也同样如此，包括很多伯克希尔·哈撒韦的 CEO，他们本身就很富有了，并不需要额外的经济回报。但是他们的公司刚刚起步时，则多是囊中羞涩的，例如格雷格·阿贝尔、吉姆·克莱顿以及阿尔·尤尔茨基，全都赢得了国际白手起家奖（Horatio Alger Award）——经济回报激励了他们。

仅仅是薪酬激励并不能保证任何特定的行为。就这一点来说，有必要理解什么才能激励具体的人。在公司中，归属感可能是最好的参照点，可以借助不同的手段培养这种归属感。这也是分权这种方法备受推崇的原因，即可以让那些最了解情况的人来制定政策。这种方法为伯克希尔·哈撒韦带来了什么呢？所有者意识，很少有公司丑闻或劳务纠纷（我们会在第 9

章中讨论一些例外情况）。

　　伯克希尔·哈撒韦董事会的副主席阿吉特·贾因曾经向我们透露："伯克希尔·哈撒韦并非大超市，而只是把街角的杂货店汇集到了一起。"这种认识在很大程度上解释了公司的内部事务，包括信任为何在较小而非较大的组织单元中更具凝聚力。

第三部分

模式比较

第7章　对　比

与其他盛极一时的模式对比后，伯克希尔·哈撒韦特立独行的特征便越发引人注目。从投资者的角度出发，我们可以对比伯克希尔·哈撒韦和股东激进主义的做法；而从组织所有权的角度出发，我们可以对比伯克希尔·哈撒韦和私募股权的做法。尽管信任在激进主义和私募股权的诸多方面可能发挥了一定的作用，但其并非这两种模式的主要特征。

实际上，我们在许多激进活动中经常看到的敌对情绪，简言之，就是对当前的管理缺乏信任。这种敌对情绪经常会侵蚀信任，在少数候选人名单①（short slate）上争得或赢得一席之地的董事可以证明这一点。（本书的作者之一劳伦斯·A. 坎宁安曾经两度陷于这样的境地。）私募股权公司的安排通常错综复杂，公司主要的做法是打法律的擦边球、玩弄权术，而非信任。我们先从激进主义——以及巴菲特对其的厌恶——开始说起。

---

① 少数候选人名单是指，被列入的少于公开席位的异议董事群体。——译者注

激进主义

1965 年，35 岁的内布拉斯加人巴菲特接管了伯克希尔·哈撒韦公司，该公司在当时是一家面临破产的英格兰纺织品制造商。当地媒体把巴菲特当作一个外来者，一个接管能手——就是那种公司清算人，电影《别人的钱》（ *Other People's Money* ）中丹尼·德维托所饰演的恶人原型。

的确，巴菲特以低于账面价值的价格收购了伯克希尔·哈撒韦——每股 19.24 美元，共计 2 200 万美元，然而，最终该工厂还是难逃倒闭的厄运。但是巴菲特一直都在努力地对抗恶意收购、大量贷款、倒卖资产，以及其他很有争议的华尔街做法。

巴菲特批评起华尔街来毫不留情，他支持用现金而非贷款进行交易，提倡长期持有公司，保护值得信任的经理人，使其免受短视投资者的压力。听他的演讲，你会觉得他更像是《别人的钱》中格利高里·派克所扮演的品德高尚的企业捍卫者，而不是一名贪婪的使徒。

例如，1991 年，所罗门公司闹出债券交易丑闻以后，巴菲特被迫出任所罗门的代理主席，他向议会广播，发布了一条他向华尔街的银行家所传递的新的信条。我们在本书的序言中引用过这一信条，在此再重复一遍也无妨："让公司亏钱，我可以理解；但如果给公司的名誉带来丝毫损失，我将会毫不留情。"[1]

一直以来，虽然批评声不断，但巴菲特却已成为华尔街的一个重要的朋友，在他出任所罗门公司的主席之前，伯克希尔·哈撒韦在投行界无异于"白衣骑士"，主要就是抵制恶意收购。那是在 1987 年，当时所罗门最大的股东对管理层非常不满，就故意把公司 12% 的股份卖给了有意收购公司的罗纳德·佩雷尔曼，他刚刚才控股了露华浓公司。所罗门的 CEO 约翰·古特弗罗因德担心自己会成为下一个被打击的对象，于是向巴菲特求助，巴菲特表现得很够意思，直接买入了所罗门很大一部分可转换优先股，产生了 9% 的浮盈。

巴菲特不仅为企业提供长期投资，而且不干预公司的管理，他的这一美名最早始于 1973 年，当时伯克希尔·哈撒韦在华盛顿邮报公司已经积累了一定股份。巴菲特用自己的真诚打动了该公司的 CEO 凯瑟琳·格雷厄姆，她很快邀请巴菲特加入董事会。1986 年，巴菲特在伯克希尔·哈撒韦获得了大都会通信公司 / 美国广播公司很大一部分股份以后，又进一步展现出这种真诚的姿态，给予公司经理人丹尼尔·伯克和托马斯·墨菲代理投票权，两人可以在他们认为合适时表决伯克希尔·哈撒韦的股票。

在恶意收购盛行的时代，伯克希尔·哈撒韦和巴菲特一样，都支持经理人对抗类似运动品牌冠军（Champion）和吉列等公司的偷袭。值得一提的是，伯克希尔·哈撒韦战胜了伊万·博斯基，赢得了斯科特·费策尔公司（见第 4 章）的经营权，以 3 250 万美元的价格收购了这家大型企业集团，它至今还在伯克希尔·哈撒韦旗下。

伯克希尔·哈撒韦作为优质股东的声誉会在接下来的几十年间不断得到回报。在 2008 年金融危机期间，这种回报来得轰轰烈烈，当时除了伯克希尔·哈撒韦以外，几乎没有一家公司还会进行任何的投资。巴菲特曾为好几家金融机构注资，作为回报，所有这些机构都向伯克希尔·哈撒韦承诺了极其优厚的条件。

2008 年，雷曼兄弟公司破产，伯克希尔·哈撒韦却在短短 25 天内向无数家公司投资共计 156 亿美元。当时大多数美国公司都极度渴望信贷，高盛集团就是其中之一。伯克希尔·哈撒韦斥资 50 亿美元买入高盛集团的优先股，股息为 10%，可以以 10% 的溢价接受回购。为此伯克希尔·哈撒韦还获得买入 50 亿美元普通股的认购权证，行价权为每股 115 美元，当时每股的市场价是 125 美元，也算是大赚了一笔。

2011 年，金融危机过去以后，高盛集团回购了优先股。伯克希尔·哈撒韦赚了几年的股息和回购溢价，合计 18 亿美元。2013 年初，伯克希尔·哈撒韦行使了高盛集团普通股的认购权证。它并没有直接花 50 亿美元的现金去购买高盛集团的普通股（当时价值 64 亿美元），而是接受了高盛集团以股票的形式支付的 14 亿美元的差价。所以在短短几年内，伯克希尔·哈撒韦凭借 50 亿美元的投资获得了 32 亿美元的总收益，累计收益率达到了 64%——另外还有 3% 的高盛集团普通股。

同时期的美国银行一样举步维艰，到了 2011 年，美国银行也开始向伯克希尔·哈撒韦求助，获得后者 50 亿美元的投资。伯克希尔·哈撒韦以 6% 的股息买入了优先股，可以以 5% 的溢价接受回购。此外，伯克希尔·哈撒韦还获得了购买其普通股的认购权证。基于认购权，伯克希尔·哈撒韦能够以每股 7.14 美元的价格买进 7 亿股美国银行的普通股，总计约 50 亿美元。伯克希尔·哈撒韦用合计不到 120 亿美元的投资，获得了美国银行 9.5% 的股份，如今这一股份的市场价值已超过 220 亿美元。

现在巴菲特在公司层面有很多头衔，他是一个务实主义者，绝非纯粹主义者——他既不是马丁·利普顿[①]，也不是卡尔·伊坎[②]。他首先是一个股东，但也在世界上最大的上市公司之一担任 CEO，一直以来他还同时兼任很多其他公司的董事，包括几家被股东激进主义盯上的公司。这种多元化的角色和经历，注定要产生微妙却相互冲突的立场。

巴菲特所青睐的那种股东激进主义，通常是跟他本人的个性相契合的，可能称之为"公司外交"（corporate diplomacy）更合适。例如，2014 年，激进派戴维·温特斯发起了一场反对可口可乐高管薪酬计划的公共活动。他呼吁伯克希尔·哈撒韦支持这一活动——当时伯克希尔·哈撒韦所持有的可口可乐公

---

① 马丁·利普顿是美国历史上著名的并购律师，提出了"股权摊薄反收购措施"。——译者注
② 卡尔·伊坎是对冲基金纯粹主义者。——译者注

司的股票价值接近 180 亿美元。

但出乎他的意料，巴菲特私底下联合可口可乐公司的 CEO 穆赫塔尔·肯特，以及董事会成员——他的儿子霍华德·巴菲特，在非正式场合表示要冷静对待这些抵制的声音。2016 年在美国运通公司出现了相似的一幕，当时的激进派杰弗里·乌本要求进行管理和战略变革，但是巴菲特拒绝了他的提案。巴菲特更加支持直接咨询长期担任美国运通公司 CEO 的肯尼思·谢诺。

假如高层对巴菲特的指示置若罔闻，那么他很可能就会按照华尔街的老办法，随即出售自己所持有的股份。例如，伯克希尔·哈撒韦从 1986 年起一直持有大都会通信公司 / 美国广播公司很大一部分股份，直到 1996 年华特迪士尼收购了这家公司的股票。伯克希尔·哈撒韦很快就卖掉了自己在华特迪士尼的股份。

但在这样做的时候，巴菲特从来没有公开批评过公司的战略或新一届负责人，包括华特迪士尼当时的 CEO 迈克尔·艾斯纳，哪怕两家公司彼此的文化差异十分显著。当一向忠实的大股东威胁说要分割资产时，大多数经理人都会有所回应，在伯克希尔·哈撒韦出售自己的股份时，华特迪士尼当然也是一样的反应。

巴菲特最为知名的股东激进主义做法就是，虽然他并不情愿，但还是临危受命，答应出任所罗门公司的主席，撤下古特弗罗因德并取而代之。即便在那时，巴菲特也从未点名批评犯错之人（要记得，在一个基于信任的模式中，表扬要对人，批评要对事）。

私募股权

伯克希尔·哈撒韦的偏好与私募股权［也被称为杠杆收购（leveraged buyout，简称LBO）］公司的偏好形成了鲜明的对比，私募股权或杠杆收购的业务模式和公司理念，与伯克希尔·哈撒韦模式几乎是两个完全对立的极端。

私募股权行业促成了成千上万家美国公司的交易，带来了大量的负债，同时在并购咨询过程中产生了巨额费用，但该行业却从众多的咨询服务中获取了额外的好处。

私募股权这种商业模式，包括募集一系列单独的资金，用于购买、经营并出售离散的单个公司，靠的是大量借贷。在一笔典型交易中，有70%的资本来源都是贷款。[2]

而且，实际上所有的股本——几乎多达98%或99%——并非源自公司，而是源自外部投资者，这些外部投资者借由中介机构，包括养老金计划、大学捐赠基金、富裕家庭、主权财富基金、银行和保险公司等，以私募形式筹集资金。[3]

在形式上，人们把这种资金称作合伙投资，把私募股权公司看作普通合伙人，每一个这样的股权投资人都是有限合伙人。

但是，这种态度是分层级的，在这样一个充满了利益纠纷的环境中，决定未来发展方向的是普通合伙人。[4]

在私募股权公司中，普通合伙人与其说是投资人，倒不如说是一个多线的中介。比较典型的安排是，私募股权公司会收取 2% 的投资人股本，称其为"管理费"，另外加上 20% 的超额收益率（一般是 8%）的投资回报，一般被称为"业绩提成"。

此外，私募股权公司对可能策划的各种活动征收了很多费用，例如为收购对象所提供的董事会服务、战略咨询、高管物色、并购指导以及融资建议等。

私募股权公司更多是关注短期的交易前景，很少有关注长期的，而且从来不存在无限期的情况。恰恰相反，无论是收购本身，还是后续采取的其他措施，私募股权公司的关注点都是快进快出，让利润最大化，周期最小化。没有想好脱身之策时绝不会买入——理想的情况是，进行溢价公开发行，出售给战略买家或其他的财务买家。

私募股权公司不只会向自己所代表的资方和收购公司收取"活动费"，还会对活动的策划收费。在购买或者销售时，私募股权公司更青睐正式的估价模型，例如市盈率，而非伯克希尔·哈撒韦和其他长期投资人所用的那种传统的商业分析。[5]

通常每进行一次收购，就必然会出现管理变更，虽然私募股权公司的操控者可能也希望现任经理人继续工作，但是他们通常会把收购对象的经营不善归咎于管理层，因此收购必然伴随着公司管理层的重新洗牌或者人员更替。在每一次收购中，私募股权公司都会进行深度干涉，在经理人执行计划的过程中，会为其提供密切指导，认真开展监督工作。

降低成本也是收购计划的一部分，这意味着私募股权公司不仅要筹划管理层变更，还要开展类似关闭厂房、裁员、削减研发开支、中止产品生产、减少养老金，以及其他短期收益明显的商业变革，这些措施原本都需要从长计议，但现在无须这样谨慎了。

金融工程也是很多私募股权交易的核心，这些交易无一不涉及大量的中介参与，费用高昂。人们对此很是不齿，戏称为"资产倒卖"，标准的例子包括售后回租安排[6]和股息资本重组。[7]这些交易都是由众多在公司和在投资人之间周旋的中介进行设计和实施的，包括普通合伙人、租赁代理、承租人以及各种代理商，类似会计、银行家和律师等。每一个人所提供的服务都是有偿的，从中获益最多的就是普通合伙人。在这个过程中所产生的费用，则由投资组合公司的其他相关方承担，包括员工、供货商、客户、社区以及债权人等。[8]

因为私募股权公司更像是中介而非投资人，所以它们承担的风险通常会比投资人更高。高杠杆之所以有吸引力，是因为增加净资产收益率的收益是巨大的，相比之下，过度举债导致破产所造成的后果则并不显眼。无论一家公司成败与否，私募股权公司都可以从中获利，为其他的中间人，包括金融机构谋取福利。

私募股权行业的影响很大，无论是在大众层面还是在政界。以美国的联邦收入税法为例，它一直都把私募股权行业的业绩提成当作资本收益，只收取 20% 的税，而不是将其视为一般的收入，后者的税率是前者的两倍。[9] 2018 年的全面改革税法继续保留了这种做法。

私募股权公司还避开了很多其他的金融公司所要面临的监管。它们需要接受的监管很少，透明度不高，因此不便对定价权展开系统性的检查。虽然反对者们都在呼吁变革，但是这个行业十分擅长反击。[10]

相比之下的伯克希尔·哈撒韦

伯克希尔·哈撒韦和私募股权公司都会收购公司，因此彼此也是对手。但是这两者能为卖方提供的东西相差太多了。伯克希尔·哈撒韦会倾尽所有的资本打造一个永久的、自治的企业，在它独特的企业文化中，不存在为追求短期目标需承受的压力。私募股权公司则很少投入资金——大多是借款，伴随着各种各样的有限合伙人——它为收购对象提供的是一个金融重组的经营计划，目的就是在短时间内尽可能多地为自己创造收益，却把债务清偿和投资回报都留给了外部投资人。

就结果而言也不一样，并非所有伯克希尔·哈撒韦旗下的子公司都蒸蒸日上，尽管如此，它几乎从未出售过一家公司。私募股权公司也同样经历过成功和失败，但是几乎所有的公司最后都被卖掉了。

　　除了收取它们自己所要求的费用和回报，私募股权公司强调在企业的生命周期中，给股东的回报高于一切，包括员工、退休人员、供货商以及客户等。尽管伯克希尔·哈撒韦模式也是把投资人放在第一位——拥护所有者意识，但是关注长期的公司前景让它对股东收益和其他相关方的收益一视同仁。

　　假设人工成本很高：如果最终的时限就是两年，那么所有的费用削减必须在两年之内完成，必须要安排下岗，冻结工资；然而，如果公司的前景是无限期的，有十年的时间慢慢进行费用削减，则可以通过自然裁员和降低工资涨幅来实现。伯克希尔·哈撒韦的方法并不是毫无私心的，但它同时为股东资本带来了利润颇高且持久的长期回报。[11] 伯克希尔·哈撒韦的模式希望能实现双赢。

　　当然，伯克希尔·哈撒韦的模式也存在弊端，收购过程中只靠自己是容易出错的，因为缺少了重要的审核。单纯寄希望于子公司经理人的自主管理，有时可能会出现所托非人、缺乏审查或监管不利的情况（我们会在第 9 章中进一步介绍类似的挑战）。

　　伯克希尔·哈撒韦和私募股权公司之间的不同，反映了根本性的企业文化差异。按照私募股权公司的模式，高额债务和相关契约不仅会增加即时收益，而且"对管理层也是一种严格的约束，迫使管理人员不仅要把成本控制在最低，还必须放弃任何一家要价高于对其估值的公司"。[12]

伯克希尔·哈撒韦的企业文化不需要这种外部的约束：信任是最根本的内在价值。因为有信任，公司会把成本控制在最低，同时无须契约的约束。伯克希尔·哈撒韦希望让旗下的子公司同自己一起长期发展，出售绝对不在其计划之列。伯克希尔·哈撒韦各子公司中到处弥漫着浓厚的企业文化氛围，相比之下，私募股权公司根本没有共同的企业文化。[13]

私募股权公司与伯克希尔·哈撒韦在本质上就不是同一类公司，伯克希尔·哈撒韦是其股东所有的公司实体，包含数百家正常运转的公司和其他无限期持有的投资。相比之下，私募股权公司则是由一系列各不相同的有限合伙制关系组成的，这些合伙制关系具体表现为股权基金，其生命周期有限，很少有超过十年的。与希望保留所收购公司的大型企业集团不同，私募股权公司希望尽快剥离被收购的公司，尽早从中获利。

3G 资本的个例

虽然伯克希尔·哈撒韦和私募股权公司之间有显著不同，但巴菲特却数次和一位主要的私募股权玩家——3G 资本结盟。这段关系引起了伯克希尔·哈撒韦股东的不满和质疑。3G 资本是一家私募股权公司，它跟伯克希尔·哈撒韦结盟，一起以

50 : 50 的比例收购了亨氏公司，随后又兼并了卡夫食品公司。卡夫亨氏公司随后提出要收购联合利华，不过被后者断然拒绝了。这里所提到的每一笔交易都更接近私募股权公司的做法，而不像伯克希尔·哈撒韦的传统做法，因此值得我们仔细研究。

2013 年，亨氏公司一开始拒绝了 3G 资本的收购，最后 3G 资本把收购价格从 70 美元每股提高到了 72.5 美元每股，并做出了许多承诺，比如保留亨氏公司在匹兹堡的根基和遗产，包括继续保留其原本的总部，亨氏公司方才接受了本次收购。亨氏公司后来并入卡夫食品公司，后者的总部在芝加哥（第 4 章中详细讨论过这一点），此时当初的承诺就显得有点儿虚伪了。当 3G 资本进行收购时，它不仅干涉了被收购公司，还进行了裁员——这完全背离了伯克希尔·哈撒韦的模式。显而易见，3G 资本的做法就是典型的私募股权公司的做法，而不是产品经理或者产品开发者的典型做法，后者正是很多消费品公司的核心所在。

巴菲特在 2013 年的"致股东的信"中预见了将会面对不少质疑声，其中有一句提到："我们对亨氏的收购看起来和'私募股权'投资的交易非常相似，但是有着本质的区别：伯克希尔·哈撒韦不打算出售公司的任何股份。" 2014 年，为了消除一些人的不同意见，巴菲特表示裁减人员的决定并不是伯克希尔·哈撒韦做出的，而是 3G 资本做出的，他说："我一点儿也不怕你们笑话，亨氏在 3G 资本的带领下要比我本人负责时发展得更好。"

　　然而这样的解释，显然无法让一些反对者信服，他们的不依不饶让巴菲特不得不在第二年（2015 年）的"致股东的信"中进一步展开这个话题，巴菲特在开篇就说明了伯克希尔·哈撒韦和 3G 资本的共同之处："我们与它们分享并购的激情，构建及创立更大的企业来满足基本的需求和欲望。虽然我们走在不同的道路上，但追求的目标是相同的。"这封信随后对双方做了对比，巴菲特表明十分支持 3G 资本的方式："它们的方法一直以来都非常成功，通过并购能够减少不必要的成本，然后——迅速地——达成目的。它们的做法极大地提高了生产力，这是在过去 240 年里美国经济增长的最重要的因素。"

　　巴菲特又进一步对两种模式进行了对比：

　　在伯克希尔·哈撒韦，我们也渴望效率并且厌恶官僚主义。为了实现我们的目标，我们一直遵循避免膨胀的原则，也在不断强调这一原则，收购业务一直由注意价格和效率的经理人来负责。在收购之后，我们的角色就仅仅是创造一个环境，让那些 CEO 和与其志趣相投的最终继任者，能够最大限度地提高管理效率并从工作中获得乐趣。我们将继续以极端分散——事实上，几乎闻所未闻——的方式来经营伯克希尔·哈撒韦。但是我们也会寻找机会，作为一个融资伙伴来与豪尔赫·保罗·雷曼合作。

豪尔赫·保罗·雷曼既是 3G 资本的负责人，也是巴菲特多年的好友、知己，从 1998 年起，两人就开始共同担任吉列公司的董事。巴菲特清楚地表明了他十分信任雷曼。即便如此，巴菲特还是强调了他一直在反复重申的伯克希尔·哈撒韦的独到之处：

然而，伯克希尔·哈撒韦只会与合伙人一起进行友好的收购。诚然，某些恶意收购是事出有因的：一些 CEO 忘记了他们在为哪些股东工作，同时其他的经理人也是严重不称职。在这些情况下，董事们可能会无视问题所在，或者只是简单地不愿针对需求做出改变。这时就需要新人了。我们会把这些"机会"留给其他人。在伯克希尔·哈撒韦，人们多倾向于选择踏入同一条河流的人。

但是两年之后，2017 年初，卡夫亨氏公司出人意料地向联合利华这样一个在阿姆斯特丹和伦敦两地都有总部的国际大型企业集团发出了收购邀请，联合利华马上就明确拒绝了这一提议，卡夫亨氏公司只得收回了这份提案——当时坐镇董事会的是巴菲特，因为伯克希尔·哈撒韦拥有卡夫亨氏公司很大一笔少数股。虽然很多人表示这次交易算是完全失败了，但是巴菲特和伯克希尔·哈撒韦的股东实际上躲过了一劫（我们会在第 9 章继续讨论 3G 资本）。

······

近 60 年以来，巴菲特和伯克希尔·哈撒韦不遗余力地建立起独特的商业模式，它是建立在信任的基础之上的：随着握手缔结的友好交易，董事会遇到任何问题都可以处理得很得当，无论遇到任何艰难险阻都要遵守承诺，要遵从经理人的决定，相信他们是处理商业挑战的最佳人选。股东激进主义和私募股权都有各自的领地，但是它们的方法跟伯克希尔·哈撒韦模式有着显著的不同。我们将会在下一章中揭示其不同之处，伯克希尔·哈撒韦的方方面面都有调整的余地，无须全盘照搬它的一切，但是公司的那块试金石却始终是信任。

第 8 章 在其他领域的应用

虽然伯克希尔·哈撒韦模式可能是独特的，但是这种模式又经常被效仿。遵循这种模式确定具体做法和经营理念的公司也跟伯克希尔·哈撒韦一样依赖信任。本章所进行的比较也将会进一步阐明并揭示出伯克希尔·哈撒韦与私募股权这两种模式的显著差异。

要区分一个公司的模式究竟是更接近伯克希尔·哈撒韦，还是更接近私募股权，要在两个维度上做比较：收购和经营。在收购方面，两种模式主要的不同包括杠杆、干涉和投资期限。伯克希尔·哈撒韦青睐的是没有债务、只需要较少干预以及可以永久持有的公司。相比之下，私募股权到处借贷，对被收购公司大肆干涉，一直在找机会尽早出手挣一笔。

在经营方面，私募股权会进行严格的管控，监管严密，总想着要再次出售；伯克希尔·哈撒韦却通过让经理人自主经营而实现公司内部的高度分权，尽力做到一直持有被收购的公司。伯克希尔·哈撒韦在提倡并坚守道德高地这方面是不遗余力的，这种企业愿景在私募股权公司看来一般都不太重要。

许多制定公司战略的董事会和经理人都在争论，假如把伯克希尔·哈撒韦的模式和私募股权的模式看作一个连续体的两端，那么在制定公司战略时，究竟应该落在连续体的哪一端才好？本章将提供一些最接近伯克希尔·哈撒韦模式的公司范例。

保险公司

伯克希尔·哈撒韦模式在保险行业尤其适用——毕竟，保险是伯克希尔·哈撒韦的支柱产业。这一行业吸引了许多业务娴熟的资本经理人，他们着眼的是长期利益，对于这些人来说，伯克希尔·哈撒韦模式与他们的想法在本质上是一致的。与此同时，保险业又是一个基于信任的行业，投保人出于对保险公司的信任支付保费，从而确保保险公司在遥远的未来能够兑现当初所做出的承诺。

以马克尔公司为例，这是一家全球化控股公司，主要经营保险、再保险和多种非保险业务。该公司成立于 1930 年，是一个家族企业，从 21 世纪初开始，公司在公众面前的形象代言人一直是汤姆·盖纳。至少是从 1985 年起，马克尔公司就开始有意识地参照伯克希尔·哈撒韦搭建公司的经营模式了。

除了大量的保险和再保险业务以外，马克尔公司也是一个机会主义买家，面向许多经营领域各异的公司，大到烘焙设备制造公司，小到观赏植物销售公司。几十年来，它的表现一直远超同类企业以及整个市场的平均表现。从其官网上摘抄的部分内容体现了该公司的原则：

> 马克尔公司的经营方法是自发的、灵活的。要做到这一点，需要尊重权威，但同时也要摒弃官僚。在马克尔，我们最大限度地保留个人的自主权，努力创造一个让每个人都能实现自我价值的氛围。
>
> 我们旗下的各家公司都是各自业内的领军者，我们的管理团队都是各公司的领导者。我们为自己的公司提供公司管理和其他相关服务，但是却不干涉管理层的日常活动。因此，我们的各个公司能够专注于自己最擅长的事务。包括为国家提供医疗方案、经济适用房或价格解决方案，以及为全世界生产资本设备，我们的每一家公司都在努力帮助自己的客户、员工和社区从长计议以取得成功。

马克尔公司在 2012 年写给股东的信中明确表达了信任在马克尔公司的作用：

> 长久以来，马克尔公司之所以能够发展得顺风顺水，其中一个关键原因在于各公司所营造的一种信任的环境。感谢诸位股东把自己的资本交给我们保管，让我们为你们的投资增值。你们赋予了我们最大的权力来实现这一目标，没有任何人为的

约束，我们一直以来取得的优秀成果也进一步证实了公司没有辜负你们的信任与厚望。

我们每天都在努力维持、增进股东对我们的信任，因为我们认为这样可以让我们的业务发展得更好。生活在这样一个环境中，享受这家公司的员工对彼此、对公司的相互扶持，实在是很神奇。

此外，也可以看看阿勒格尼保险公司的例子，这也是一家很可靠、很成功的公司。该公司成立于 1929 年，拥有并经营重要的保险业务，旗下有跨大西洋控股公司（Transatlantic Holdings），这家公司是由美国国际集团（AIG）的莫里斯·格林伯格在 1977 年创立的，历来为人称道，2012 年跨大西洋控股公司被阿勒格尼收购。

从 2004 年起，韦斯顿·希克斯开始执掌阿勒格尼，公司旗下有各种各样自主经营的子公司，业务多种多样，包括玩具加工（其中就有小猪佩奇），为大型工业项目（从体育馆到办公大楼）生产钢材，以及丧葬用品制作等。

阿勒格尼在其年度报告中，附上了公司简单的经营原则，同伯克希尔·哈撒韦的《股东手册》很接近，包含了一些与伯克希尔·哈撒韦模式类似的声明，下面是从中摘选的部分内容：

阿勒格尼保险公司旗下有很多保险和再保险公司，在很大程度上，公司本身也是一家资产管理公司。就像一个封闭式基金一样，公司保留了自己的大部分利润，然后代表股东用这些利润重新进行投资。

阿勒格尼资本公司是我们的投资分公司，主要是收购、监管长期经营非金融业务的公司，跟私募股权公司不同，我们收购公司的时候并没有打算进行再出售。相反，我们相信当被收购公司的创始人或者其他控股股东需要进行资本过渡时，我们提供的是一种稳定的股权结构。我们相信当我们持有一家公司以后，我们的所有者与经理人伙伴能推动这家公司的发展，让各公司在未来发展得更好。

在监管经营公司时，我们的主要职能就是提供战略指导，设置风险参数，确保公司有得当的管理激励政策，"经营"各子公司的并不是我们——而是它们自己的执行团队。

最后一个例子就是费尔法克斯金融公司，这是一家多元化的保险公司，从1985年起普雷姆·瓦特萨就开始执掌这家公司，其表现要比同类公司以及整个市场都好出太多，公司的建立最早始于瓦特萨收购马克尔公司在加拿大的卡车保险业务。

几十年来，瓦特萨慢慢把公司发展成一家主营保险业务的大型企业集团，今天，该公司由几十家独立经营的大型保险公司以及多种多样的非保险公司组成，包括连锁餐厅以及零售店，此外还大量投资了各种各样的上市公司。公司很早就确定了自己的指导原则。以下几条原则主要选自该公司的官网：

我们期待通过经营费尔法克斯及其子公司，为客户、员工、股东和我们所在的社区争取长期利益，从长远来看，按照市场价值计算，实现每股账面价值（5%~20%）的增长——必要时可以牺牲短期利润。我们始终希望获得良性的资金支持，每年坚持向股东提供完整的披露。

我们旗下各公司的管理是去集权化的，公司由总裁负责运行，只有业绩评估、继任规划、收购、融资以及投资等是由费尔法克斯负责，或者跟费尔法克斯共同商定的。我们的投资将始终基于长期的价值导向这一理念，鼓励各公司为了费尔法克斯的整体利益进行合作。

和子公司之间保持深入、公开的沟通是费尔法克斯的基本要求，诚实和正直对维持我们彼此的关系十分重要，我们永远也不会在这两种品质上打折扣。我们十分看重员工的忠诚——忠于费尔法克斯，忠于彼此。

在瓦特萨 2012 年写给股东的信中，他强调了信任在其公司中的核心作用：

27 年来，费尔法克斯公司发展出了"公平友好"的企业文化，我们一直受益匪浅。我们的小型控股公司的团队十分正直，有团队精神而且毫无私心，他们一直在推动公司往前发展，保护我们免受那些意想不到的负面风险的冲击，及时发现并把握机会。信任和长远视角是公司上下团结一致的黏合剂。从董事会成员到执行官，再到所有的员工，你们可以相信他们一定会做对的事情，他们都有一种长远的视角。

所以在费尔法克斯，不存在对公司的每一步行动都要插手的大型控股公司，不存在为了获得短期的最大利润而卖掉公司的情况，不存在管理层薪酬过高、大量裁员、管理层更替或者推销本公司的股票等行为。我们的执行官几乎从不出售他们在公司的股份，而且我们彼此之间的合作都十分愉快。这些执行官中没有谁主动抛弃过公司，我们的总裁、执行官以及投资负责人在费尔法克斯的平均服务时间长达 13 年，他们是公司的中流砥柱，也是我对未来如此乐观的原因所在。

伯克希尔·哈撒韦模式——或者称其为马克尔、阿勒格尼或费尔法克斯模式——也被很多其他行业所效仿。虽然具体的实践和执行过程各不相同，但这些优秀的范例在经营自己的公司时都怀着高度的信任，我们接下来将一一进行讲述。

制造公司

伊利诺伊机械公司是一家全球制造商，总部位于芝加哥，于 1912 年由拜伦·史密斯组建。它是在多种业内收购的基础上建立起来的公司，主要的资本来源就是内部生成的资金，公司一直都在努力维持管理自主性，尽管随着公司的发展壮大，它也在慢慢趋于集权化。

从 20 世纪 70 年代末起，该公司的管理层最终组建了 8 个单独的板块，共包含 800 种不同的业务。创始人的儿子霍华德·史密斯从 1972—1981 年一直担任集团总裁，他解释道："假如你有一个跟我们一样的组织，想要让所有这些公司都有很能干的人，那么你最好让这些人看到，我们完全放心让他们自己去经营公司，这是吸引并留住人才的关键。"[1]

伊利诺伊机械公司的经营模式在约翰·尼科尔斯担任 CEO 期间（1982—1995 年）一直保持不变。他这样解释道：

我们建立单独的实体公司，赋予人们自主权，赋予这些经营实体公司的人决策权。我在福特和 ITT 集团（ITT Corporation）工作期间学到的精髓就是，有些事情是不该做的。

你会认识到你不可能什么都管，你必须要让别人来做这件事，而且要放手让他们去做。突然一下子人们有机会做自己的产品研发，建立自己的组织。

在尼科尔斯领导期间，伊利诺伊机械公司以平均每年将近 30 次收购的速度发展，总共进行了 365 次收购。伊利诺伊机械公司一定要专注于自主的原因之一是十分务实的：任何一名经理人只能监管这么多业务。

伊利诺伊机械公司收购一家公司之后，主要的变化就是把它的业务分割为可以管理的单元，同时还会由集团执行副总裁来投资培训项目，让员工为担任管理者的角色做好准备。

伊利诺伊机械公司的高层表示，他们面临的最大的困难在于新业务的合并，该公司的业务单元经理在完成合并以后也表达了同样的看法。伊利诺伊机械公司其中一位总裁这样说："一旦你收购了一家公司，最难的地方就是业务融合，让它变得伊利诺伊化。虽然这是常识，也是很实际的，但并不是每个人都能理解，有些人会比其他人领悟得更快。"[2]

尼科尔斯的继任者在很大程度上保留了这种经营模式，但是他们还试图通过合并各单元来简化公司结构，而不是继续进行拆分。1995—2005 年，吉姆·法雷尔一直担任该公司的CEO，他也在追求规模更大、价格更高的收购。虽然有这些转变，但法雷尔还是继续坚持公司的核心理念：

我们相信拆分公司是很有必要的，一家公司越大，就会变得越官僚，行动就会越迟缓，花费也会越来越多。我们的各公司单元都有各自的经营、销售、营销和融资。在公司的办公室里没有传统的职能领导，经营单元的个人可以更快地进行营销，解决问题，抓住机遇——我们这样做的花费要比集权化管理的花费更少。

虽然伊利诺伊机械公司在后尼科尔斯时代也一直蓬勃发展，但它再也没有取得同等的成就。这一点带给人们的警示十分清晰——不断拆分要比合并更加有效。显而易见，每一个业务单元都是独特的，都在根据自己特有的历史和实践，以自己的方式发展，而拆分则更有可能从这种独特性中创造出最大价值。

尽管如此，在反对大型企业集团情结的当代思潮中，伊利诺伊机械公司还是听取了股东激进分子的一些批评意见，面对关系投资公司（Relational Investors LLC）中的激进派的不断施压，伊利诺伊机械公司当时的 CEO 斯科特·桑蒂任命了一个激进派倡议者担任董事会成员，负责经营 2012—2016 年的一个转让所有权的整合项目。

然而，在这期间，桑蒂一再表示并反复重申一直以来伊利诺伊机械公司的商业模式的核心要素，包括分权、让各级单位专注于效率，以及基于消费者进行创新。桑蒂在 2014 年的一封信中用一段简洁的陈述解释了这种方法，在随后的年报中又重申了这一点。包含以下几点内容：

公司分权、进取的文化让我们能迅速行动、专注、及时响应。我们的人很清楚他人对我们的商业模式、战略以及价值有何期待。在这种框架之内，我们授权让公司团队做决定，让他们可以自行制定工作方法，从而让伊利诺伊机械公司的商业模式对具体的客户和终端市场的关联性以及影响最大化。

在我们所经营的每一个市场中，我们的公司都在努力把自己定位成重要客户的"首选"问题解决者。为我们的客户制定解决方案，帮助他们应对艰难的技术挑战或提高其公司业绩，一直是伊利诺伊机械公司追求创新过程中的关键任务，从公司成立至今 100 多年，一直如此。

伯克希尔·哈撒韦模式和伊利诺伊机械公司模式的另外一个映照，就是马蒙集团。[3] 从 20 世纪 60 年代起，杰伊和罗伯特这对普利兹克兄弟通过收购和自然增长，坚定不移地维持现有的管理，遵循放手政策，赋予经理人自主权，自行决定公司的管理经营。他们在多种生产领域建立起了一个工业化的大型企业集团，涵盖农业设备、服装配件、汽车产品、电缆和电线、管道和管材、乐器、零售设备、采矿和金属贸易等相关服务。

在 20 世纪 80—90 年代，该公司保持了很高的收购率，尽管大多数交易的规模并不大：1998 年 30 次收购，1999 年 35 次收购，2000 年 20 次收购。同化不是问题，公司在经营过程中始终秉承分权的原则。在杰伊去世，罗伯特也退休以后，普利兹克家族任用了早已退休的伊利诺伊机械公司的 CEO 约翰·尼科尔斯。

尼科尔斯很快就把马蒙集团分成了 10 个业务板块，每一个板块都有一名总裁负责向他汇报，这样一来他就能监管这一庞大的组织，同时又能促进分支机构在公司和产品层面的发展与收购。随着公司的发展壮大，尼科尔斯又增加了新的分支机构来适应这种变化。尼科尔斯随后就把执掌权交给了他在伊利诺伊机械公司的前同事弗兰克·普塔克，普塔克也是一位高管，他对公司管理的阐述跟伊利诺伊机械公司的模式如出一辙。马蒙集团 2015—2017 年的年报中有一封信，普塔克在这封信的标注框中加入了下面这段话：

马蒙集团的业务模式采用了久经时间考验的 80/20 数据分析法则，这是一个全面、持续的思考过程。关键要素包括通过分权各自管理小型的、同质的、分割的业务，不断提高经营效率和生产力，（以及）有选择地开展补强收购（bolt-on acquisition）来巩固战略方向。

马蒙集团的分权是严格依据 80/20 数据分析法则进行的，这一思考过程基于常见的统计分布：80% 的既定结果是由 20% 的输入决定的。例如，马蒙集团的高层发现，80% 的销售源自 20% 的产品组合，80% 的利润源自 20% 的客户。

由于有这样的见地，马蒙集团产生了高度分割的损益表，可以准确地定位到底哪家公司具体的哪一部分业务对整体的业绩贡献最多，哪一部分贡献最少。有了聚焦点以后，经理人把时间和资源分给那些能够驱动产生最大利润的部门、产品和客户。这种方法让公司能聚焦在可以保证有回报的业务上，鼓励创新，促进增长。

这一过程意味着不断追求更进一步的分割和分权化，实现产品突破。最近的产品突破的例子包括：地铁系统以及高层建筑中使用的电缆，能够耐受 2 000 摄氏度的火焰高温炙烤长达两小时；冷藏设备的铜配件，可以通过按压连接，无须明火；无油脂的"牵引座"（fifth wheel），卡车和挂车的连接板；以及不打结的延伸电线。马蒙的 80/20 分权模式是一种利用规模的创新方法。

此外，普塔克还做了进一步的调整：创造了三个自主的分支机构。每一个分支的总裁负责监管 3~4 个单元，这些单元的总裁向各分支的总裁汇报，各分支的总裁再向普塔克汇报。普塔克继续不停地在公司内部进行分割，最终形成了 4 个自主的集团、15 个单独的分支以及 200 个业务单元。

2008 年，伯克希尔·哈撒韦收购了马蒙集团。从那以后，马蒙集团就一直在按照自己原来的模式发展，母公司与它所见略同，现在彼此之间的关系就像是一个俄罗斯套娃。在伯克希尔·哈撒韦内部，另外几家成功的工业化大型企业集团都遵循了类似的机构原则，包括伯克希尔·哈撒韦能源公司、米泰克公司，以及斯科特·费策尔公司。这些例子都体现了伯克希尔·哈撒韦反市场潮流的做法。

多元化公司

近年来，工业化大型企业集团开始逐渐灭迹——有些名字早就从我们的世界中消失了，例如海湾与西方工业公司（Gulf & Western Industries）、ITT 集团和德事隆集团（Textron）。业界不断呼吁经营要有重点，以至实力远不如从前那些大型企业集团的小型多元化公司都开始朝这个方向努力。类似的范例包括杜邦（DuPont），它迫于压力，首先是跟陶氏化学公司（Dow Chemical）合并，随后又拆分成了三家公司；还有联合技术公司（United Technologies），一开始是跟柯林斯（Collins）合并，随后又把自己的开利空调（Carrier air conditioning）和奥的斯电梯（Otis elevator）分了出去，然后跟雷神公司（Raytheon）合并。

虽然有这样大的压力，但当今的多元化公司仍在坚持自己的原则——特别是自主和分权，例如丹纳赫集团（Danaher）、都福集团（Dover）、儒博科技公司（Roper Technologies）、TransDigm（商用和军用飞机零件供应商）等，所有这些公司在管理层面的方法都不大相同，而且还能怡然自得，有些可能更加接近伯克希尔・哈撒韦模式。

例如丹纳赫集团，是一家跨多个行业和多个平台经营的联合企业集团。丹纳赫创建于 1983 年，创始人是米切尔・雷尔斯和史蒂文・雷尔斯两兄弟，虽然两人很久以前就退出了管理层，但他们至今还拥有公司很大一部分股份。在丹纳赫，雷尔斯兄弟开创了一种特殊的体系，既跟伯克希尔·哈撒韦的商业模式相似，又有一些不同。

我们称之为丹纳赫商业体系，这一体系在三位继任的顶尖CEO 的领导下不断完善。他们建立了一个强大的工业化大型企业集团，同时又把几个分支机构拆分成了独立的公司，这些公司在各自的领域都取得了很大的成就。

丹纳赫至少在三个层面跟伯克希尔·哈撒韦很接近：它是一家喜欢收购、自主、分权的机构。但两者至少在两个层面有所不同：丹纳赫采用一套严格的全公司层面的管理招聘体系，并且根据一套共同的基本运行原则进行培训，每一步都强调精益。

撇开这些不同不说，丹纳赫商业体系中很重要的一点还是信任，这一特点可以让任何培训和最佳实践项目都卓有成效。要了解这一文化和以往业绩，我们可以从丹纳赫 1990—2001 年的 CEO 乔治·舍曼入手：

11 年前我刚加入丹纳赫时，公司的销售总额还不到 7.5 亿美元，公司卖的是零零碎碎的各种产品，在接下来的 10 年间，我们带领丹纳赫发展成一家国际公司，在高速增长的数十亿美元的市场中占据领先地位。过去 10 年来，我们每股的销售额和利润各自以 15% 和 21% 的年复合增长率增长。丹纳赫的股票在过年 10 年来以 33% 的年复合增长率增值。我们一边开发强劲的业务组合，明确如日中天的（丹纳赫商业体系的）经营理念和文化，一边也发展了我们的组织能力。

舍曼的接班人是从他为丹纳赫聘请的首批高管中选出来的：小劳伦斯·卡尔普。卡尔普在丹纳赫工作了10年，为公司做出了非凡的贡献，随后在2018年被提拔为当时四面楚歌的通用电气的一把手。他在2002年发布的第一份丹纳赫年报中详细介绍了公司的历史：

20世纪80年代，面对激烈的竞争，丹纳赫的一家分支机构基于当时还很新潮的精益制造的原则，发起了一场自我提升运动。这一计划的成功超出了所有人的期待——增强了这一分支机构的行业领导力，同时也孕育了丹纳赫商业体系。从这样一个不起眼的分支机构开始，丹纳赫商业体系从一套改善生产工具的方法集合发展成一种理念、一套价值体系以及一系列的管理过程，共同定义了我们是谁，我们如何做应做之事。

软件公司

最后一个同时代的例子就是星座软件公司（劳伦斯·A.坎宁安是该公司的董事）。星座软件公司在全球范围内对垂直市场的软件公司进行收购、改进，并负责经营。该公司现在已经有超过 300 个单独的业务单元，每一个都是自主经营，采用一种高度分权的结构。凝聚企业文化的因素就是信任，在 2011 年写给公司股东的信中，星座软件公司的 CEO 马克·伦纳德解释道：

> 长期意识需要公司和所有的股东之间高度互信，我们相信我们的经理人和员工，所以尽量减少公司的官僚主义，尽可能不给他们设置障碍。我们鼓励经理人发起项目，在我们这个行业内，投资的回报期一般是 5~10 年。我们乐于向他们提供资本，收购那些对星座软件公司而言虽然不会立即增值，但是却有可能成为长期特许经营企业的公司。
>
> 我们倾向于进行内部提拔，因为相互信任和彼此忠诚是要用好几年积累的，相反，新聘任的聪明和 / 或操纵型的唯利是图者可能要花几年时间才能发现、根除。我们给经理人和员工的激励就是公司的股份（暂由第三方保管 3~5 年），这样他们就从经济层面跟股东绑定了。作为回报，我们需要且想要忠诚的员工：假如他们不打算在公司干满 5 年，那么他们就不会在乎持续多年的项目结果如何，他们肯定不会为了长期利益放弃短期的奖励。

在星座软件公司，就同在伯克希尔·哈撒韦一样，结构是组织中一个突出的主题。然而，无论是星座软件公司还是伯克希尔·哈撒韦，结构都不是其成功的原因，真正的原因在于信任，结构只是信任文化催生的结果罢了。当经理人鼓励员工去产出、创新、追求卓越时，后者通常能应付自如。当信任成为公司组织中的重点时，分权和自主就产生了，成功自然就在眼前了。

因此，有趣的事情发生了，2015 年，谷歌的创始人创建了一个新的控股公司的架构，称为 Alphabet，创建该架构不仅是为了保存搜索引擎业务的遗产，也是为了兼容按照分权结构经营的 26 个其他单独的自主业务单元。这一举动导致大家纷纷开始猜测，Alphabet 想成为 21 世纪版的伯克希尔·哈撒韦。我们佩服他们的热忱。[4] 但是我们强调过，仅仅通过结构是不可能实现的。只有把这种结构嵌入信任的文化中才能成功。

……

近年来，越来越多的商业人士都开始梦想仿照伯克希尔·哈撒韦的模式开创自己的公司，就像众所周知的，小说家都想写出伟大的小说一样。在小范围内，这是可以实现的，但是这并不是程式化的。

伯克希尔·哈撒韦商业模式的重点就是信任边际。要适当怀疑大部分人，特别是金融中介，坚持这一信条的人都会去寻找特别的经理人和值得信任的合伙人。正是因为他们信守承诺，所以才能获得股东和员工的信任。

　　分权和自主都不是伯克希尔·哈撒韦成功或者持久的主要原因，信任才是。自主是信任的体现，分权是信任的结果。伯克希尔·哈撒韦模式是基于价值观，而非规则。

第四部分

应对挑战

第9章　信任难题

基于信任的组织主要面临两大难题：一个是当高管经理们滥用信任时会出问题，另一个是在"随性"收购方面因为太过自力更生而吃亏。尽管挑战都是实实在在的，但伯克希尔·哈撒韦通常会战胜这些挑战。60多年来，在多达几十次收购和高层任命中，这一大型企业集团只出现过少数几次判断失误的情况。

收购上的判断失误

几十年来，巴菲特一直掌握着伯克希尔·哈撒韦的决策权，很少进行尽职调查，很少进行监管，特别是在收购和投资方面。与大多数大型的上市公司不同，伯克希尔·哈撒韦并不需要获得其董事会或者高层的批准才可以进行收购，也不用外部的咨询来审查交易。

巴菲特会向董事会大致解释自己的原则，但是很少会寻求董事会的同意；他反倒是经常咨询芒格，最近则多是咨询格雷格·阿贝尔和阿吉特·贾因，但他不是非要这样做，而且也不是每次都会听取他们的建议。在确定收购对象时，伯克希尔·哈撒韦很少会向公司经纪人或者投行的银行家寻求帮助，而是依赖朋友和业务伙伴这种非正式的群体。他们给出的大多数建议最后成效都不错，但是也不尽然，有时还是会出错，伯克希尔·哈撒韦会为此付出代价。

伯克希尔·哈撒韦最不寻常的一次收购是在 2001 年，巴菲特的朋友，著名的老虎基金（Tiger Fund）的创始人朱利安·罗伯逊，主动联系了巴菲特，表示愿意卖掉他在 XTRA（卡车租赁公司）的很大一部分股份。

巴菲特则把收购范围扩大了，向 XTRA 的董事会提出要收购这家公司所有股东的全部股份，并且获得了董事会的背书，交易很快就完成了。尽管伯克希尔·哈撒韦通常的做法是，在收购以后保留原公司的管理和经营，但这次不同，在短短三年的时间内，XTRA 的 CEO 就被换掉，公司的总部也换了地方，还出让了很大一部分资产仓位。

虽然这种重大的变革在其他很多公司的收购中都很常见，但是伯克希尔·哈撒韦通常会避免出现这种情况。伯克希尔·哈撒韦希望收购经营状况良好的公司，而不是那些需要拯救的公司。对于伯克希尔·哈撒韦的收购来说，这样大费周章是很不正常的。但是伯克希尔·哈撒韦偶尔也会买一些遇到麻烦、需要变革的公司。它是伯克希尔·哈撒韦非正式收购过程中的副产品，特别是当收购的决定是听了朋友的建议后一时起意做出的，进行的尽职调查也不多的时候。

最后的结果是，虽然收购 XTRA 为公司带来了很高的利润，但另外一次不寻常的交易则造成了灾难性的财政危机：1993 年伯克希尔·哈撒韦收购德克斯特鞋业公司。伯克希尔·哈撒韦总共花了 4.43 亿美元来收购新英格兰一家濒临倒闭的制鞋公司——全部是以伯克希尔·哈撒韦的股票结算的。这家公司一直都像发电机一样忙个不停，每年在当地的工厂制作几百万双鞋子。德克斯特一直在美国进行加工，给工人开的工资比对手高，产品的品质和样式比从低收入国家进口的更胜一筹。

虽然有这些积极的方面，但德克斯特也有一个很大的潜在弊端：美国的生产成本是中国的十倍。最终，竞争对手生产的鞋子和德克斯特的一样，但价格却是德克斯特的 1/10。2007 年，当伯克希尔·哈撒韦不得不关闭这家公司时，巴菲特承认收购德克斯特是他做过的最失败的交易。所付出的代价就是给出的伯克希尔·哈撒韦的股票，到了 2020 年，这些股票的价值已经超过 80 亿美元。这又是一个教训，体现了利用像伯克希尔·哈撒韦这样的优质股票来结算收购费用所存在的危险性。

这是巴菲特个人犯的错——伯克希尔·哈撒韦的董事会或者内部圈子丝毫没有参与。由此可见，哪怕是最伟大的投资者和决策者也一样会犯错，并会付出昂贵的代价。巴菲特当然意识到了这一点，正因为如此，他总是会跟芒格一起审查方案。

虽然巴菲特在审查交易时很重视芒格的忠告——为芒格赢得了"老唱反调的家伙"这一绰号——但巴菲特也并不总是听芒格的，1999 年对通用再保险公司的收购失误就是例证，只不过这次的代价更高。

伯克希尔·哈撒韦向通用再保险支付了 220 亿美元——全部用伯克希尔·哈撒韦的股票结算（一直到 2007 年公司才从德克斯特的例子中吸取教训：避免用股票结算收购费用）。巴菲特和芒格知道，像通用再保险这种大型的再保险公司，一直保留着很多衍生业务，是有很大风险的。

虽然芒格建议放弃这次交易，但是巴菲特认为交易完结以后经理人很快就能帮助这一业务单元摆脱困境。然而，伯克希尔·哈撒韦收购了通用再保险以后，经理人并没有这样做，而是继续采取了巴菲特的"放手原则"，巴菲特本人也没有催促各位经理人（这种不情愿足见 XTRA 被收购之后公司重新洗牌有多罕见）。

除了衍生业务的专利问题，更多的潜在挑战也让通用再保险的经营面临重重困境。巴菲特很早就认识通用再保险的 CEO 罗纳德·弗格森，弗格森在公司任职多年，巴菲特对两人的关系和弗格森的经验深信不疑。然而，巴菲特和弗格森都不知道的是，通用再保险的核保规则和储备金都有问题。

通用再保险有坏账提列的风险，这导致了后续保单收费很低。承保人对本应拒绝的业务还十分热衷，导致公司的风险过度集中。1999—2001 年，通用再保险的承保亏损达到了 61 亿美元。撤出衍生品业务代价高昂且旷日持久，多年来让巴菲特忧心不已。

虽然芒格本人很有影响力，时不时会审核交易，但在巴菲特希望无论如何都要坚持到底时，他还是会顺从巴菲特的心意。2007 年，巴菲特在得克萨斯电力公司（Texas electric utilities）进行杠杆收购的债务中投入了 20 亿美元。金融危机期间，这家公司很快就破产了，让伯克希尔·哈撒韦损失了将近 10 亿美元。讽刺的是，交易是由私募股权公司 KKR（科尔伯格·克拉维斯·罗伯茨公司）安排的，是截止到当时该公司最大（440 亿美元）也是最糟糕的交易之一。[1]

2013 年在汇报这一点时，巴菲特写道："下次我会跟查理商量的。"大多数公司都有投资委员会，哪怕其公司规模只是伯克希尔·哈撒韦的几分之一，投资委员会的主要作用就是限制投机资本配置，而像上述这些交易失败的例子更加凸显了有一个一言堂的投资委员会，会让公司付出多高的代价。

最后一个例子跟 3G 资本有关，巴菲特十分信任该公司的一把手豪尔赫·保罗·雷曼。本书在第 4 章和第 7 章中讲到过伯克希尔·哈撒韦跟私募股权公司之间的合作关系——2013 年收购亨氏公司，2015 年将其与卡夫食品公司合并，让伯克希尔·哈撒韦获得了卡夫亨氏公司 27% 的股份。3G 资本主要的公司战略就是控制成本，可惜却因此栽了跟头。2018 年底，该公司因为某些做法受到了美国证券交易委员会的传唤。[2]

巴菲特明白伯克希尔·哈撒韦模式的吸引力和限制所在，而且似乎相信其他人能够像他这样管理公司。不过，根据伯克希尔·哈撒韦的接班人计划，公司将拆分首席执行官、首席投资官的角色，以及董事会董事的管理角色。相应地，伯克希尔·哈撒韦的接班人计划会对巴菲特的接班人进行更加严格的管控（第 12 章中会继续讨论接班事宜）。

对于其他公司来说，要想效仿伯克希尔·哈撒韦的模式，似乎有必要坚持从核心竞争力和已有业绩出发，选择一名能干的决策者。至少，公司要拥护巴菲特 – 伯克希尔·哈撒韦能力圈的基本信条，这是一个交叉定义：行业和公司、经营方法，以及担任多种角色的人，例如经理人和合伙人。

伯克希尔·哈撒韦更愿意以现金形式而非股票来结算费用是很有益的，但是跟大多数解决方案一样，它也会带来相应的问题。当面对的收购对象是上市的家族企业时，伯克希尔·哈撒韦要付出的代价是非常昂贵的。家族企业之所以对伯克希尔·哈撒韦有吸引力，是因为它们通常给人一种遗产永存的感觉，这是伯克希尔·哈撒韦商业模式中最著名的配置。

很多家族企业都很珍视伯克希尔·哈撒韦做出的自主经营、永久持有的承诺，而且，经常愿意以低于竞标价或者内在价值的价格将公司出售给伯克希尔·哈撒韦，对于纯粹由关系紧密的一群人掌控，而且这群人都愿意将公司出售给伯克希尔·哈撒韦的家族企业来说，哪怕现金交易意味着一定的折扣，也没什么问题。

然而，一旦涉及上市的家族企业，就会出问题。当这些公司的董事交出控股权时，他们有责任为股东争取最大价值。[3] 进行股票交易时，所有持股者都可以从未来的公司价值中获益，在这种情况下，那些董事在评估交易时可能会考虑伯克希尔·哈撒韦独特的企业文化。[4]

但是，如果用现金结算，这种未来价值就掌握在了伯克希尔·哈撒韦的股东手中，而不是被收购公司的广大股东手中了。伯克希尔·哈撒韦收购家族企业时，尽管承诺自主经营、永久持有，这些的确是被收购的家族企业所看重的，但是他们从中得不到任何实实在在的好处。于是这些收购对象的董事就会抵制全现金出售，因为那意味着一定的折扣。他们会寻找出价更高的竞标者，甚至会像拍卖公司一样抬高价钱——这是在变相抵制伯克希尔·哈撒韦，因为后者十分忌讳拍卖。

伯克希尔·哈撒韦在 2003 年收购克莱顿房屋时就遇到了这样的情况，这是一家上市的家族企业，伯克希尔·哈撒韦的收购价相比市场的溢价很低（只有 7%）。克莱顿房屋的一些股东断然拒绝了伯克希尔·哈撒韦的收购：另一家公司，塞尔伯吕资本管理公司（Cerberus Capital Management），也向克莱顿房屋表达了希望参与竞标的意愿；伯克希尔·哈撒韦马上就起诉了这家公司。[5] 结果就是，一直等了六个月以后克莱顿房屋才进行了股东投票，勉强通过了跟伯克希尔·哈撒韦的交易。

一些克莱顿房屋的股东很失望，但是塞尔伯吕给出的价格并不比伯克希尔·哈撒韦高，法庭驳回了本次诉讼。不过，考虑到起诉的风险、延误以及竞争对手竞购的风险——唯恐法庭会需要被收购对象的董事采取主动措施，这一幕闹剧对伯克希尔·哈撒韦来说可不是什么光彩的事。仅仅是拍卖的风险就足以让伯克希尔·哈撒韦望而却步，直接退出竞标了。关键的一点在于，上市的家族企业不在伯克希尔·哈撒韦收购模式的考虑范畴内，因为存在着一定的机会成本，不然就再完美不过了。

执行层危机

当执行层因为面对大事渲染的纠葛而被迫离开公司时，伯克希尔·哈撒韦基于信任的企业文化所面临的挑战是最为剧烈的。巴菲特在收购公司时十分注意经理人的身份，但是一旦建立起信任就会倚重这些经理人来任命公司的接班人。与此同时，公司没有中层，因此用现代管理的说法就是，单独一个人可能会接受八个人的直接汇报。主要问题在于，遇到可能出现危机的情况时误把高层赶走或留下。

在伯克希尔·哈撒韦的子公司利捷航空中，危机主要表现为对一系列高层进行洗牌，波及了巴菲特接班人短名单上的两位经理人——理查德·圣图利和戴维·索科尔。利捷航空是圣图利所创建的，他一直担任公司的一把手，直到 2009 年。这是一家很有竞争力、资本密集的公司，员工也都十分团结。圣图利把私人航空业务的部分股份卖给了精英人士，他视这家公司为一个奢侈品牌，并据此来经营。

但是公司的发展并不顺利，在 2008 年的金融危机之后，公司财务状况出了问题，巴菲特做出了改变，他为何这样做至今还是一个谜，不过当然也是不走寻常路，因为巴菲特很少会在事后批评经理人，特别是像圣图利这样的创始人。

巴菲特任命索科尔担任利捷航空的新任 CEO，索科尔认为利捷航空有些太过膨胀了，所以立即大幅降低成本。团结一致的员工都很愤怒，危机感很快笼罩了整个公司。为何巴菲特选择由索科尔来管理利捷航空，这一点也很让人好奇，索科尔之前负责伯克希尔·哈撒韦能源公司（当时还叫中美能源公司），而且在约翰斯·曼维尔公司（Johns Manville Corporation）作为董事会主席也解决了不少难题。

巴菲特从来没有把一个 CEO 从伯克希尔·哈撒韦的一家公司换到另外一家。让同一个 CEO 管理两家伯克希尔·哈撒韦的子公司是前所未有的。但是巴菲特十分信任索科尔，介绍他们认识的是巴菲特最亲密的好友之一小沃尔特·斯科特，他既是巴菲特的奥马哈同乡，也是伯克希尔·哈撒韦的董事会成员。但是巴菲特的信任被辜负了，索科尔在 2011 年因为涉嫌在将一家公司推荐给巴菲特收购前非法交易这家公司的股票，而辞去了他在伯克希尔·哈撒韦的所有职务。

　　接替索科尔掌管利捷航空的是乔丹·汉塞尔。汉塞尔是索科尔从伯克希尔·哈撒韦能源公司请来的，他在能源公司担任法律总顾问。由于利捷航空的飞行员都很爱戴圣图利，也为圣图利的离开感到十分难过，所以他们联合起来抵制索科尔和汉塞尔，特别是两人奉行的降低成本的战略。

　　圣图利离开以后，管理层与员工的关系进一步恶化，在2013—2014年，利捷航空的飞行员联盟在一次咄咄逼人的活动中谩骂汉塞尔，从网上一路闹到了《华尔街日报》，再到《奥马哈世界先驱报》。在2014年和2015年的伯克希尔·哈撒韦年会期间，飞行员从外面包围了会场。混乱不断升级，导致2015年初汉塞尔辞职，利捷航空两名圣图利时代的前高管又被返聘回来担任公司领导。

　　根据这些情况，很容易就会推测伯克希尔·哈撒韦收购利捷航空是个错误。可能是因为它属于前面讲的一言堂造成的问题收购这类情况，但是它也说明了伯克希尔·哈撒韦在高层招聘、审查、晋升或者培养方面缺乏正式的规划。索科尔没有任何经营小型航空公司的经验，或者其他相关的领导利捷航空的资质，例如消费者关系或者联盟关系等。索科尔后来选择的汉塞尔——一位来自能源公司的年轻律师，也一样明显缺乏相关的资质或经验。

　　利捷航空的高层洗牌，跟伯克希尔·哈撒韦的子公司本杰明·摩尔公司的接班人洗牌非常像，这家公司是伯克希尔·哈撒韦在 2000 年收购的，第 4 章中介绍过，巴菲特个人承诺将延续公司一直以来的销售管理模式，只通过独立分销商，而不借助实力强大的大型零售商，例如家得宝（The Home Depot）和劳购氏（Lowe's）。而到了 2012 年，在达到巅峰五年之后，丹尼斯·艾布拉姆斯因为打算与这样的零售商联手销售涂料而被赶下台。为了找到接替他的人，巴菲特咨询了自己新聘请的管理助手——28 岁的特蕾西·布里特·库尔。

这位刚刚获得哈佛大学工商管理学硕士学位的助手建议的人选是罗伯特·梅里特，巴菲特也接受了她的推荐。但是还不到两年，梅里特就因为大型零售商施加的巨大压力而遭遇了同样的命运。当时所有人都在大肆批评这家令人尊重的涂料公司中盛行的沙文主义文化，梅里特只能选择辞职。这两次事件让公司被一种危机笼罩着。分销商和其他的股东都在抱怨公司的堕落，一家如此伟大的公司怎么能这样急转直下，他们对此十分不解。

本杰明·摩尔公司高层的辞职，反映了伯克希尔·哈撒韦模式中对执行层的监管所面临的两重挑战。第一，巴菲特一开始承诺保留本杰明·摩尔公司原有的分销商关系，这一决策到底是否明智？两位接替工作的 CEO 考虑到当前的分销渠道，凭直觉发现仅靠这种方法销售涂料是很困难的，但是他们因为巴菲特一人做出的承诺而束手束脚。

第二，伯克希尔·哈撒韦到底是怎么选拔高层的？虽然巴菲特在任用梅里特之前授权库尔从执行层中物色人选，但库尔却只是一个新加入伯克希尔·哈撒韦的年轻人。而且她是通过自己的职业圈找到梅里特的，并没有在全国范围内展开搜索。

私人关系网的模式跟伯克希尔·哈撒韦模式是一致的——从索科尔聘请汉塞尔，巴菲特聘请另外几位 CEO 中就可以看出来。但是它的确存在一定的风险，因此相较于正式的招聘、审核以及选拔高层，这样的安排确实是一个挑战。

这种管理层接班人危机可以通过稍微让公司更官僚一些（例如在决定高层人员任命时征询一下董事会成员的意见）来消减，或者是对基于信任的企业文化稍做调整（例如进行背景调查或者加入定期的审核与评估）。

21 世纪初，伯克希尔·哈撒韦开始往这个方向努力：定期召集子公司的 CEO 举办年会，有时会让董事会参与，哪怕巴菲特本人不在场。会议变得更加正式，也更加频繁，而且很可能会常态化。基于信任的模式让伯克希尔·哈撒韦走向辉煌，而这种逐步的转变将有助于这种模式持续发展，与此同时，又能防止该模式造成错误。

最终，从整个公司的业绩表现来看，伯克希尔·哈撒韦的商业模式还是十分奏效的。在此所记录的每一个挑战都很重要，我们也能从中吸取一些教训。把 60 年来的总得分以及成百上千次这样的决定进行累计叠加，在所取得的成就面前，这些失误不值一提。

第 10 章 公众舆论

当伯克希尔·哈撒韦落难时——或是当公众觉得它落难时——它会得到特别多的关注。之所以会出现这种情况，有两个原因，这两个原因对于任何基于信任模式的大型企业来说都是挑战。

首先，公众对公司是持怀疑态度的，特别是大公司，甚至是对伯克希尔·哈撒韦这样去中心化的公司也不例外。在公众眼中，伯克希尔·哈撒韦不是很多小公司的集合，而是一个单独的巨型公司。

其次，政策专家更多是肯定企业中的管控和层级而非信任，所以当一家基于信任模式的机构，类似伯克希尔·哈撒韦的管理出现问题时，批评就会铺天盖地而来。

这些势力给结构精简的大公司带来了挑战，这些公司对美国企业界常见的传统公关活动投入不多，对于偶尔出现的挑战，只需动用很少一部分员工就能解决。

而且，在这种分权结构中，经常被曝光的机构可以选择聘请全职公关团队。在伯克希尔·哈撒韦内部，就有几家公司采用这种结构，主要是保险、金融以及能源这几个领域的大公司。

保险领域

2013 年，一篇毫无根据的报道攻击伯克希尔·哈撒韦利用保险浮存金赚取大量的投资基金。这里说的是由保费转化而来的资金，这部分资金是需要提前支付的，跟赔偿金不同，赔偿金只有在很长时间以后才需要支付，但是一般都很少出事，所以也无须承担什么赔偿。巴菲特谈起伯克希尔·哈撒韦所利用的这一杠杆时经常得意扬扬。

一位记者利用这一战略大做文章，把矛头对准了伯克希尔·哈撒韦。根据他的描述，伯克希尔·哈撒韦会给保险公司的员工一些反向激励，让他们尽可能避免或者延迟支付法定赔偿金，这样就可以让浮存金在公司的账上停留更长时间。这位记者甚至声称，正因为如此，员工在工作中也会存心欺骗客户。

这篇文章的作者是斯克里普斯（Scripps）公司的马克·格林布拉特，此文章把矛头对准了国民赔偿保险公司的特殊业务——对石棉和环境等有长尾属性的保单业务提供追溯再保险服务，作者从几千个保单中找出了十几个例证，这些例证包括投保人、公司被告、原保险人以及伯克希尔·哈撒韦的公司等多方之间的法律纠纷。

这篇文章重点介绍了针对延迟支付或拒不赔偿所提起的法

律诉讼，包括投保人起诉转让原保单的承保人，或者是起诉国民赔偿保险公司非法干涉这些保单（"恶意干涉合同"）。[1] 文章引用了索赔人及其律师和一位保险行业高管的恶意指控，认为之所以会有这些问题，就是因为伯克希尔·哈撒韦的浮存金理念。

格林布拉特曾经问过伯克希尔·哈撒韦和国民赔偿保险公司的员工对此有何评论，但是这些人并没有接受采访，而且时间有限，也不允许他们一一回应文中所列出的全部问题。在文章发布几天之后，伯克希尔·哈撒韦给格林布拉特写了一封邮件，解释了这篇文章中的各种不实之处，不久之后，斯克里普斯公司又给伯克希尔·哈撒韦写了一封邮件，说它力挺这篇文章。[2] 两周之后，伯克希尔·哈撒韦发表了一篇反驳的文章，称格林布拉特的文章中"尽是偏见，而且也不专业"。

例如，这篇文章提出伯克希尔·哈撒韦负责石棉案的抗辩，这是不对的，因为实际上负责此事的是被控告的公司；文章影射伯克希尔·哈撒韦无理取闹，妨碍案件的处理；文章中只说原告要求 100% 的赔付款，却丝毫不提伯克希尔·哈撒韦只是对被控告的公司部分控股；文章对一位保险理赔高层言辞激烈的评论信以为真，却没有认识到因为他本人之前跟伯克希尔·哈撒韦有法律纠纷，所以其言论是不客观的。[3]

虽然伯克希尔·哈撒韦进行了反驳，但这些指控还是传到了公众的耳中，并且引发了共鸣。伯克希尔·哈撒韦的声誉因此受到了影响，很快越来越多的人看到了斯克里普斯公司的文章。2014 年 1 月，一位来自高盖茨律师事务所（K&L Gates LLP）的律师在向美国律师基金会做汇报时又重新梳理了这些案例。[4] 如果伯克希尔·哈撒韦有较为传统的公关部门来处理这些指控，结果是不是会更好一些，我们不得而知。毕竟，其他的保险公司，类似美国国际集团也曾面临支付赔偿金不及时或者拒不支付的指控，虽然这些公司有这种传统的职能部门，但其反应似乎也没有好到哪里去。[5]

更重要的是，伯克希尔·哈撒韦的行事让人感觉它仿佛是一家小公司，公司去中心化的结构让它给人这样的感觉，这种结构一直维持着公司基于信任的企业文化。但是在外人眼中，无论是对手还是公众，它是一家行业巨头。如何在"应对这些频率不高但声势浩大的攻击"和"招聘大量人员来抵御这些攻击"之间找到平衡，是经理人必须要权衡的事情。

金融领域

伯克希尔·哈撒韦和旗下的几家子公司很容易沦为政治攻击的对象，2015 年针对克莱顿房屋这家活动房建造商和融资公司发起的抗议活动就是一个例子。[6]《西雅图时报》的公共诚信中心（Center for Public Integrity）属于政治激进派，该中心赞助丹尼尔·瓦格纳和麦克·贝克写了一篇文章，控诉克莱顿房屋的销售团队故意引导买家，让其申请房屋抵押贷款，无论此举对贷款者本人是否有利。他们声称消费者面临的选择很少，或者干脆没有其他的融资选择，合同条款也极具诱惑性（包括低首付的要求），违约金和止赎成本都很高，催收要求也十分严苛。[7]

克莱顿房屋很快就对此做出了回应，对文章中每一条负面指控均予以反驳。[8] 它强调了自己的消费者保护政策，同时也承认，在极少数情况下，例如文章的作者所描述的那种情况，处于阶段性生活困境的人在还房贷时确实有困难，会面临止赎的局面。瓦格纳和贝克对克莱顿房屋的回复进行了逐条反驳。[9] 五周后，在伯克希尔·哈撒韦的年会上，巴菲特本人也否定了这篇文章，而其中一位作者在看到巴菲特的回应之后仍旧对此事持怀疑的态度。[10]

相比刚开始的文章，后续的跟踪报道背后的政治色彩更加浓厚。在文章发布之前，国会已经开始争论活动房屋贷款的相关法规。在 2008 年的金融危机之后，《多德 – 弗兰克法案》对这类利息很高的贷款增加了曝光和时间的要求，国会认为这些贷款既麻烦又昂贵，一直在考虑废止。

克莱顿房屋和其他的行业领导者都支持废止，而一些房主和消费者团体则表示反对。活动房屋贸易协会强调，对于低收入人群来说，可以直接买到这种房子，没有监管门槛，这一点太重要了。而消费者权益保护团体则敦促出台相应法规，保护穷人免受昂贵的房屋贷款之困扰。[11]

虽然瓦格纳和贝克在一开始的报道中并没有提到这些观点，但他们在 5 月中旬的一则报道中加入了这一主题——在政治辩论中，把他们一开始的指控跟克莱顿房屋的激励政策联系在了一起，旗帜鲜明地站在了反方的立场上。这样一来，似乎作者最后写的是一篇政治宣传稿，而不是新闻调查，文章针对的是克莱顿房屋的背后动机，而没有中立地报道事实。尤其值得注意的是，这篇文章的作者之一瓦格纳在其中是有利益冲突的，他的姐姐在对克莱顿房屋提起的诉讼中担任的是原告方的律师，但是他对此只字不提。[12]

同针对国民赔偿保险公司的文章一样，这一事件说明了大型机构下的各个小单元所面临的挑战："在公关上投入太多人力来应对每一个挑战"相对于"在需要时才集结这些资源"，该如何抉择？在伯克希尔·哈撒韦，这个平衡是这样实现的：母公司这一层面处理偶尔出现的媒体或政治危机，必要时再加上子公司的媒体资源。其他的子公司假如要面对反复出现的政治斗争，首先会确保公司中有一个较强大的公关团队，就像伯克希尔·哈撒韦能源公司一样，也就是我们接下来要讨论的例子。

能源领域

伯克希尔·哈撒韦能源公司有一群负责公关和游说的专家。由于公司的业务需要，这些人经常作为核心团队，参与重要的围绕国家政策的辩论，所以这种安排也是值得的。辩论的议题很多，从消费者能源价格到气候变化，以及化石燃料相对于可再生能源孰优孰劣等。

有一个类似的辩论是跟太阳能有关的，地点在内华达州，影响到了伯克希尔·哈撒韦在当地的公用事业——NV 能源（NV Energy）公司。争论的焦点在于，太阳能电池板用户把生产的能量提供给电网时可以从中获得多少收益？内华达州的法律对这种"净计量定价"做出了规定：总收益的上限是电力需求历史峰值的 3%。[13]

只要整个州的太阳能发电量低于这个上限，所有的太阳能用户就能获得全额收益；如果超过了限制，新增的太阳能用户就无法获得收益。支持太阳能的人努力想要提高这个上限，因此提出很快就能达到这个上限值，强调维持太阳能发电需要经济刺激。NV 能源公司则表示反对，预测说要等很久以后才会达到这个上限值，提出要避免让那些不用太阳能电池板的人比那些用太阳能电池板的人支付更多电费。

双方争论了很久，相持不下，最终由拉锯战变成了一场公关活动。双方相互指责对方做得太过离谱。例如，在围绕这个问题的听证会上，立法者指责太阳能行业发送"咄咄逼人"的邮件，批评具体的人，要求一位太阳能发电的倡议领袖为自己员工的所作所为向公众道歉。[14]

对 NV 能源公司的指控最终超越了这家公司，变成了针对伯克希尔·哈撒韦本身，特别是针对巴菲特本人的批评，打着声讨过分狂热的资本主义的旗号，把这一局部事件转变为一场全方位的大战。一则新闻的大标题是"沃伦·巴菲特正在就绿色能源发布莫衷一是的论调"，这则新闻表示，巴菲特一方面对伯克希尔·哈撒韦投资可再生能源引以为傲，另一方面在 NV 能源公司引发的内华达州辩论中站在了截然相反的立场上，并引用了这样一句声明："最终还是要落到钱上面来，虽然看起来有点儿虚伪。"[15]

编辑可能会喜欢这样的故事情节，让关爱消费者、拥抱树木、行善事者的形象与伯克希尔·哈撒韦的垄断暴利者的形象形成鲜明对比。但是实际上，真正的现实是，在从化石能源过渡到可再生能源的过程中，政府那极其复杂、极具争议的公共政策更让人不舒服。伯克希尔·哈撒韦在这场争论中是有利害关系的，而 NV 能源公司只是伯克希尔·哈撒韦能源公司积极参与到该过程中的子公司之一。

但是，相信仅凭能源科学家和公司高管就能结束这场对话，或指望他们去处理能源公司所提出的一切要求，这显然很荒谬。要想解决这件事，公司就需要公关专家和游说专家。伯克希尔·哈撒韦能源公司就是这样做的，这一事件表明它是可以为自己的行为买单的。

……

不是所有的子公司都需要全职的公关员工，但是有一些确实需要。分权的结构让每一个子公司都能够满足自己的需求，在一个可能会吸引过多目光的较大组织内，提供所需要的母公司支持和子公司部署可能就够了，可以避免人浮于事或者官僚主义。对于那些更经常暴露在媒体审查或者政治辩论面前的公司来说，可能的确要有一个全职的、固定的公关团队进行保障。这样一来，即使遇到了麻烦，母公司还是可以保持一个置身事外的姿态。

第 11 章　规　模

很少有公司能达到伯克希尔·哈撒韦这样庞大的规模，但是随着公司发展壮大，越来越多的挑战也会接踵而至，这是很多公司都必须面临的现实。这些挑战包括，寻找新的路径，"做出重大变革"，为混乱不堪的组织提供监管，一直保持着大型企业集团这种公司组织形式等。最后，所有这些公司都会陷入同样的困境，公众普遍对大型企业集团持怀疑态度，因为美国的政界就是这样看待大型企业集团的。

大型企业集团让很多美国人胆寒，从伍德罗·威尔逊和路易斯·布兰代斯，到伯尼·桑德斯和伊丽莎白·沃伦。那些被认为是"大而不倒"（too big to fail）的金融机构成为人们新近的反感对象，而那些被划定为具有系统重要性的公司还要由政府进行监管。对大型企业集团形式的妖魔化，最早始于 20 世纪 80 年代，这原是私营企业的一种消遣，却一直延续至今，变成了另一种质疑，即一些大型企业集团是不是"大而不立"（too big to succeed）的。

威尔逊总统强调，在大型企业集团中，员工的个性会不得不根据机构的使命而妥协，特别是那些通过收购成长而非自然发展壮大的公司。假如员工觉得自己不过是帝王手中的一枚棋子，而非一个团队中活生生的成员时，其士气就会受损。布兰代斯大法官提醒公众注意企业集聚，因为它可能会威胁到社会福利，也会威胁到国家的精神。公众对此越来越担忧，以至最严重的变成了，当一家公司收购了另一家后，后者的 CEO 通常马上就会让出自己的掌舵地位，只为能够在一个充满官僚主义的企业中谋得一席之地。

今天的大型企业集团所面对的主要批评是，这些公司方便了财富从劳工层流向高管层。这一流动出现在快速增长的高层薪酬中，这些人的薪酬经常是以股票结算的，而股票的价值通常是随着公司的规模而非业绩增长的。参议员桑德斯和沃伦认为，所有这些特点无疑是在离间社会经济关系。更让人糟心的是，大型企业集团会根据自己的规模行使政治权力，这跟民主价值是相互矛盾的。

从表面上来看，伯克希尔·哈撒韦可能看似很容易沦为这类批评的靶子。无论按照哪一个指标——资产、资本还是员工——衡量，它都堪称是美国最大的公司。如果把伯克希尔·哈撒韦看作一个国家，其收入就算是它的 GDP（国内生产总值），那么它应该能跻身世界前五十大经济体，可以与爱尔兰、科威特和新西兰媲美。它最近的增长很大一部分都是因为积极地进行收购，共收购了九家全资子公司，假如这些子公司独立运作，个个都可以跻身《财富》世界 500 强企业之列。

但是伯克希尔·哈撒韦避开了民粹主义反对派经常诟病的这些罪恶，主要是因为它独特的企业文化，始于其自主管理的做法。在伯克希尔·哈撒韦的收购中，现任 CEO 仍旧是自己公司的领头羊，没有什么官僚群体加入，甚至还有一本书就是专门介绍这种现象的——罗伯特·迈尔斯所著的《沃伦·巴菲特的CEO们：伯克希尔经理人的经营秘诀》。[1] 公司的CEO们表示，这种自治和信任激励他们以无可挑剔的态度来服务公司。

虽然伯克希尔·哈撒韦的高层收入都很高，但是同他们在其他上市公司的同行相比，其薪酬并不过分。他们的收入是直接跟自己所掌管公司的业绩指标挂钩的，是以现金而非股票的形式结算的。此外，伯克希尔·哈撒韦的薪酬跟其他美国公司的高层相比，简直就是九牛一毛。

如果批评者认为伯克希尔·哈撒韦太过干预政治，未免有些牵强，因为很少有证据表明公司对其他个人或者机构有何政治影响。整个 2004 年，伯克希尔·哈撒韦在游说方面的投入很少，一年大约只有 30 万美元，但是波音公司和威瑞森通信公司等其他大型公司，在这方面投入了将近 1 亿美元。

从那时起，伯克希尔·哈撒韦能源公司的业务规模翻了两番，2009 年它收购了柏林顿北方圣塔非铁路公司，这两家受监管的机构把每年用于游说的费用提高到了 600 万美元左右。与类似规模的公司相比，这并不是很大一笔数目。伯克希尔·哈撒韦并非政治懦夫，但它在这方面的支出相对较少，任何攻击它是不民主的裙带资本主义的言论，在这样的现实面前都会不攻自破。

大而不倒

多亏了 2008 年的金融危机，很多银行都认识到了徒有规模是远远不够的，有几家金融机构变得太过庞大，也太过重要，以至如果其经营惨淡，政府必须拿出十二分的努力予以拯救。2008 年，美国官方控制了很多公司，类似伯克希尔·哈撒韦在保险行业的竞争对手美国国际集团，以及它过去的投资对象房地美；还安排了很多其他公司的出售，例如美国国家公司（Countrywide）和美联银行（Wachovia）；并对整个行业横加干涉，放任雷曼兄弟倒闭。

根据《多德–弗兰克法案》，所有这些机构都需要接受严格的监管，维持最低的资产水平，设置债务上限。除大型银行外，官方还将大型保险公司认定为系统重要性金融机构（SIFI），对其进行充分的监管和监督。

对"大"持怀疑态度的人，建议给伯克希尔·哈撒韦贴上 SIFI 的标签，甚至还导致英格兰银行对美国当局发起了正式的调查，研究为什么伯克希尔·哈撒韦成了漏网之鱼。伯克希尔·哈撒韦之所以能成为例外，其实有几方面的原因。其中之一是，2008 年的金融危机期间，虽然所有类似的机构，以及很多其他公司，都在消耗资本，但是伯克希尔·哈撒韦却坐拥大量的资本储备。

伯克希尔·哈撒韦很多竞争对手的主营业务始终是金融，而伯克希尔·哈撒韦却不是，虽然保险和金融曾经是其中流砥柱，但如今已经风头不再，因为公司变得越来越多元化了。它从一家由保险驱动的投资机构，转变为一家庞大的工业化大型企业集团，这一演变在 1990 年左右就初见端倪——当时正是大型企业集团这种企业组织形式被铺天盖地的批评围攻且日渐式微之际。

避开大型企业集团的缺陷

伯克希尔·哈撒韦避开了身为这种企业组织，即大型企业集团的主要缺陷。1965 年，当巴菲特刚开始经营伯克希尔·哈撒韦时，公司在当时是很有发展前景的，不过慢慢却开始落伍了。

20 世纪 60—70 年代，大型企业集团这种公司形式开始在美国企业界走向繁荣，一部分是因为 1950 年的《塞勒 – 凯弗尔法案》，不鼓励对手之间的兼并，从而刺激了对不相干公司的收购。[2] 大型企业集团都是通过强势的高层屡次进行各种收购而建立起来的。

ITT 集团就是著名的例子，一开始执掌该集团的是哈罗德·吉宁，后来则是兰德·阿拉斯科格，这个集团旗下有 350 家不同的公司，这是很让人称道的，业务范围覆盖汽车租赁、烘焙、酒店以及保险等。特利丹科技公司（Teledyne Technologies）也是一个例子，它是亨利·辛格尔顿所组建的公司，由近 100 家不同的公司组成，旗下有声学扬声器、航空学、银行、计算机、发动机和保险等多种业务。到了 20 世纪 80 年代，大部分《财富》世界 500 强的公司都是大型企业集团。[3] 它们成功的秘诀包括，利用规模，抓住协同效应，传播管理智慧，以及让投资多元化。

然而批评家们毫不客气地指出，有些高层飞扬跋扈，沉迷于建立公司帝国，他们强调说这些公司当中有很多都岌岌可危，公司长期亏损严重，要么是内部资本配置不当，要么是难以管理。不怀好意的公司交易大师想方设法要让股东价值最大化，学术界则敦促行业扩大关注的焦点。迫于这些压力，大型企业集团的模式开始解体。

企业的"袭击者"，类似卡尔·伊坎和罗纳德·佩雷尔曼，以及专门从事收购的公司，类似 KKR 公司，会瞄准或者收购大型企业集团，然后继续对之进行分割。其他的，类似 ITT 集团和特利丹科技公司，则只是一味地向不断变革的时代妥协，把自己的大型企业集团分割为多个不相干的公司。[4]

1990 年，大型企业集团的时代终结了，而且人们普遍认为这种形式是一种系统性的错误。容易接受全盘大型化，或者事无巨细什么都管的高管，最终妨碍了公司的成功发展。如果子公司的经理人可以根据本公司的需要采用定制化的系统，集中在自己擅长的独特领域内，那么管理起来会更加高效。

人们越来越把董事会当成经理人的积极监督者，而不是其忠诚的顾问，但董事会无力监管不断"开枝散叶"的公司帝国。股东可以自行多元化，而不是甘于在大型企业集团中做完全不懂资本配置的高层，这样公司效率会更高。美国原本反对信任的政策又发生了扭转，开始接受对手之间的相互兼并了。[5]

然而，就在这一时期，伯克希尔·哈撒韦从 20 世纪 60 年代一家不起眼的合伙制投资公司起步，发展到 1995 年，成长为一家多元化的大型企业集团，持有很多不同公司的股份。今天，伯克希尔·哈撒韦的公司结构，要比 ITT 集团和特利丹科技公司，或者任何一家 20 世纪 80 年代的其他大型企业集团，例如比阿特丽斯公司（Beatrice Companies）、海湾与西方工业公司、利顿工业公司（Litton Industries）、德事隆集团等都更分散，而且它的公司业绩表现十分抢眼。

之所以能够如此成功，原因之一在于伯克希尔·哈撒韦认识到并且避免了所有的经营陷阱：作为公司的掌舵者，巴菲特非常反对什么都管；伯克希尔·哈撒韦的分权和自主管理的原则，让公司管理能够有所侧重；巴菲特本人的投资智慧让伯克希尔·哈撒韦日趋多元化，这种做法为投资者创造了很多价值；

伯克希尔·哈撒韦的内部资本配置为股东节约了大量的交易费用和税费。

伯克希尔·哈撒韦可能是自成一派，然而很多公司采取了同样的做法，也都在蓬勃发展。第 8 章中提到过，其中包含很多保险公司（例如阿勒格尼保险公司、费尔法克斯金融公司和马克尔公司），以及很多非保险类但是商业模式定位精准的公司（例如星座软件公司、丹纳赫集团以及伊利诺伊机械公司）。

大而不立

当今对大型企业集团的疯狂反对让监督者的担忧发生了逆转，从担心"大而不倒"变为担心"大而不立"。有证据表明，从长远来看，大型企业集团的表现通常不如一些小型的竞争对手。批评家们表示，公司规模通常是通过收购才获得发展的，意味着其中或许有潜在的问题，可能不利于公司的自然发展成长。他们认为，积累，特别是通过收购进行积累，会导致相互矛盾，从而最终产生自寻死路的内部管理策略。就像早期的民粹主义者所提醒的，当代的批评家也认同，规模会让高层只看重短期的收益，而牺牲人的元素。

其他人则认为，公司的规模和成败没有直接的关系。这些逆向思维者表示，规模可以让一家公司在不断发展壮大的同时借助小团队来控制规模扩大带来的负面影响，培养一种基于信任的企业文化，并确保每个人都有使命感。他们可能说的就是伯克希尔·哈撒韦这种领导模式，培养了一个巨大的组织，其中通常有无数个很小的单元。

巴菲特一再强调伯克希尔·哈撒韦的规模实属偶然，早在1982年，巴菲特就在他当年的"致股东的信"中表示："我们不会把公司规模等同于个人财富。"芒格也曾经表示，在处理收购活动、所得税等问题时，他很讨厌公司权力过于集中，这是出于社会和经济两个层面的考量。[6] 对于这两位伯克希尔·哈撒韦的奠基人来说，似乎伯克希尔·哈撒韦拥有这种规模是一个偶然事件，更像是一种结果，而非战利品。

一个人最大的优势通常也是他最大的劣势。对于伯克希尔·哈撒韦模式来说也是一样的道理。它宝贵的经营方针——自立、自主、分权以及机会主义收购等，都有助于进取型高层的涌现。但是与此同时，他们还冒着因为独立、刚愎自用以及时不时的名誉受损而犯错误这种风险。

然而，规模其实不是问题，在伯克希尔·哈撒韦，唯一因为规模而真正付出的代价，可能就是在面对一直过高的资本回报率时能够不为所动。时至今日，巴菲特经营公司已有几十年了，而早在1994年，他就在"致股东的信"中提醒说："然而皮夹子太厚，却是投资成果的大敌。目前伯克希尔的净值已高达119亿美元，还记得当初查理跟我开始经营这家公司时，公司的净值只有2 200万美元。"

时代一直在变。如今，伯克希尔·哈撒韦的净值接近 3 000 亿美元，是 1994 年的近 25 倍。伯克希尔·哈撒韦的企业文化价值巨大，但却并不会随着公司规模本身而变化。它是一家连布兰代斯和威尔逊都会赞不绝口的公司。

第 12 章　接班计划

在巴菲特 80 岁生日之际，《经济学人》写道，伯克希尔·哈撒韦"从此要走下坡路了"。[1] 史蒂文·达维多夫·萨洛蒙在《纽约时报》中感叹说，巴菲特让伯克希尔·哈撒韦蒙上了一层"不可复制的神秘色彩"。[2] 在 2013 年的伯克希尔·哈撒韦年会上，投资人道格拉斯·卡斯坚称，伯克希尔·哈撒韦不能没有巴菲特，就像特利丹科技公司不能没有亨利·辛格尔顿一样。

这些人认为只有巴菲特才能让伯克希尔·哈撒韦团结一致，却没有认识到信任在其中发挥的作用。巴菲特的离开必定意义非凡，但正是因为涉及太多其他人以及文化因素，所以才不能就这样随便下定论。这些严肃的问题需要考虑整个接班计划，以及信任在伯克希尔·哈撒韦文化当中的作用。

预测谁将接替巴菲特执掌这家大型企业集团，一直以来都是大家热衷参与的游戏。大多数董事会都在接班计划上投入了许多时间，伯克希尔·哈撒韦却因为在这方面投入太少而受到了很多批评。不过很多董事会都只注意到 CEO 接班人这一点，但实际上，伯克希尔·哈撒韦的董事会为公司未来的接班事业制订了一个多管齐下的接班计划。

　　一直以来，伯克希尔·哈撒韦的接班计划都在呼吁把巴菲特的角色一分为二。早些年，负责投资的主要是卢·辛普森，多年来他一直在伯克希尔·哈撒韦旗下的政府员工保险公司工作，担任投资组合经理，业务娴熟。而公司执行官的角色则是由芒格担任的。辛普森和芒格都认同巴菲特的价值观，也理解伯克希尔·哈撒韦的文化。但是三人年事渐高，辛普森退休了，芒格也进入了 80 岁的高龄，这一接班计划随之落空。

　　如今，伯克希尔·哈撒韦打算安排几位投资组合经理一起负责投资这一板块，可能包括托德·库姆斯和特德·韦施勒。在执行这一层面，巴菲特的接替者主要是来自伯克希尔·哈撒韦很多子公司中的高层管理人员。2018 年，伯克希尔·哈撒韦把格雷格·阿贝尔和阿吉特·贾因提拔到公司董事会中，并任命两人分别担任非保险业务和保险业务的副主席。

　　伯克希尔·哈撒韦接班计划的最后一部分，要求把 CEO 和董事会主席的角色进行分割，巴菲特建议由自己的儿子霍华德担任董事会主席。虽然很容易就会把此举理解为将巴菲特的角色一分为三——董事会主席、CEO 和 CIO（首席信息官），但其实更像是把芒格的角色一分为二——董事会主席和 CEO 的二号人物。毕竟，一直以来，芒格最重要的角色之一都是说"不"，这也将是霍华德最重要的角色之一，但是说"不"的对象却不同于从前了。

芒格的否决权通常是给伯克希尔·哈撒韦的收购增加一个过滤器，过滤掉那些没有远见的交易。在打造伯克希尔·哈撒韦的过程中，这一点对于建立公司的文化至关重要。相比之下，霍华德的角色侧重的是继续维持这种文化，而不是继续打造这种文化。霍华德不太需要在评判收购建议时说"不"，更多是提醒人们不要忘记，伯克希尔·哈撒韦之所以独特，是因为公司背后的种种价值，例如信守承诺、持久以及自主。在极端的情况下，霍华德的角色将意味着向伯克希尔·哈撒韦的主要高层"开炮"。

因此，霍华德的主要任务就是做他父亲从来没有做过的事情，他的工作与让他父亲声名大振的各种事业毫不相干。这种方法巧妙地避开了一个陷阱，这是传奇人物的儿子经常掉入的陷阱。对那些跟父辈饰演同样角色的人，人们评价他们时总是参照对其父亲的评价标准，而子辈通常也达不到父辈的辉煌。

一些旁观者可能会误会霍华德的角色，用衡量他父亲的标准——一个不可能企及的水准——来评估他，这是不公平的。然而，最终相关的角色分工会清清楚楚，考虑到霍华德本人亲身经历过伯克希尔·哈撒韦的文化，他对巴菲特创造的一切怀有极大的热忱，因此他是很有可能达标的。但是仅凭他一己之力是做不到这一点的，他还需要伯克希尔·哈撒韦的股东对他有持之以恒的信任，不妨想想霍华德接下来要面对什么吧。

一些强大的势力在猛烈抨击这家大型企业集团的形式，它们叫嚣着要把公司拆散。这是近些年来许多有声望的公司都曾面临的窘境，包括类似杜邦和联合技术公司这样一流的中坚力量。

早在大型企业集团时代开始之前，大家就认为公司是永久存在的——公司是持久的机构，例如伯克希尔·哈撒韦。随着大型企业集团的时代锋芒被收购时代所遮掩，公司的生命周期变得更加短暂，无论是概念上还是事实上。[3]

转瞬即逝成为一种很流行的思维方式，那些不断逼迫公司为股东创造即时利益的群体，例如激进主义者和私募股权公司，一直在维持这种趋势。

大型企业集团因为已经过时，所以招来了很多反对的声音，需要有坚强的防御。虽然最好的防御是稳定的、持续的经济效益，但它还有另外一个优势，那就是拥有庞大而忠诚的股东群体。[4]有巴菲特在伯克希尔·哈撒韦牢牢掌权，没有一个股东激进主义者敢质疑它的商业模式。

但是在巴菲特离开公司以后，这种考量可能就要变了，毕竟，公司的市值接近15万亿美元，很多分析人士都同意巴菲特所说的，伯克希尔·哈撒韦不止这个价。伯克希尔·哈撒韦的文化超过了自身所有一切的总和，因为这种结构带来了大量的益处，包括最优的资本配置、最小的企业风险、不存在孤立、获取资金成本低、利用税收效率、管理费用极低等。

激进主义者援引他人对这种商业模式的批评，敦促巴菲特的接班人卖掉伯克希尔·哈撒韦那些摇摇欲坠的机构，拆分那些表现一般的机构，在一些子公司中加入新的经理人。在这个过程中，激进主义者又会要求给股东配置现金。他们会解释说这种销售和配置的净效益可以马上为股东增值。

反方则会代表伯克希尔·哈撒韦的股东强调长期价值，这是对那些卖方公司做出的坚定承诺，会永远让子公司自主管理经营，在这个环境中，大量的资本可以从一家子公司转移到另一家子公司，并且不会产生税费或交易费。

这种承诺的经济价值和灵活性并不一定反映在伯克希尔·哈撒韦一路高歌猛进的股价或者单独的子公司的估值中。只有当伯克希尔·哈撒韦进行收购时，其附加值才会体现出来，而只有继续维持这家大型企业集团的形式，才能保留这些价值。

要解决这样一场争论，确定孰优孰劣，还得伯克希尔·哈撒韦的股东亲自出马。巴菲特的接班人在多年以后能否取得非常好的经济效益，必须要让伯克希尔·哈撒韦的股东对一个问题做出决定，那就是到底要不要继续保留对公司管理层和伯克希尔·哈撒韦模式的信任。他们的选择正是对这种基于信任的文化所进行的一次公投。我们认为最终胜出的会是信任。

尾　声　无情的大棒

巴菲特曾就伯克希尔·哈撒韦商业模式的利弊做过简明扼要的概括：

> 我们打算让下属公司自己经营，不对它们进行任何管理或监督。这意味着有时候我们不能及时发现一些管理中存在的问题，以及一些（不太赞同的）经营和资金决策……但是，我们大多数的经理人因我们给予的独立空间而把公司管理得井井有条，他们始终心向所有者，这种态度就是在回报我们所赋予他们的信任和期许，在一个巨大的机构中，这是无价的，也是非常少见的。我们宁愿承受少数不良决策带来的看得见的消耗，也不愿意承受因为沉闷的官僚主义导致决策太慢（或者干脆放弃决策）而造成的无形的消耗。[1]

伯克希尔·哈撒韦的模式太与众不同了，以至偶尔由此导致的危机都会引发公众的讨论：在企业文化中到底哪种模式更好一些，是伯克希尔·哈撒韦的自治和信任的模式，还是更为常见的"指挥＋管控"的模式？对于伯克希尔·哈撒韦文化来说，最让人痛心也最具指导意义的事件，莫过于戴维·索科尔的经历了。索科尔作为一位备受尊敬的高层，他在多家伯克希尔·哈撒韦的子公司中服务了很多年，最终却涉嫌内幕交易——买卖待收购公司的股票。

2010 年，巴菲特让当时执掌中美能源公司和利捷航空公司的索科尔物色收购机会。虽然公司一直鼓励所有的伯克希尔·哈撒韦子公司负责人去物色收购对象，但是这一任务却似乎是在为索科尔铺路，因为当时大家普遍认为他是即将接替巴菲特的热门候选人。

然而，索科尔以一种很不伯克希尔·哈撒韦的方式开始了自己的工作：聘请银行家来帮他搜索收购目标。索科尔找到了花旗集团的团队，在他的引导下，团队瞄准了化学类企业。他们锁定了 18 家潜在的收购对象，索科尔被其中一家公司所吸引——路博润，这是一家主营特殊化学制品的公司，产品包括用于汽车和石油行业的添加剂。2010 年 12 月 13 日，索科尔告诉这些银行家，去问问路博润的主要负责人詹姆斯·汉姆布里克愿不愿意跟巴菲特谈谈，把这家公司归入伯克希尔·哈撒韦麾下。汉姆布里克表示他会向路博润的董事转达伯克希尔·哈撒韦的收购意向，随后，12 月 17 日，花旗集团把结果汇报给了索科尔。

索科尔认为路博润是一家十分优秀的公司，这也将会是

一笔绝佳的投资。因此，在 2011 年 1 月的第一周，年薪约为
2 400 万美元的索科尔，[2] 买入了价值 1 000 万美元的路博润股票。
（他在 2010 年 12 月中旬也曾买入很小一股路博润股票，然后迅
速卖掉了。）一周以后，也就是 2011 年 1 月 14 日，汉姆布里克
给索科尔打电话，表示愿意出售公司，希望跟巴菲特当面讨论
此事。索科尔随后就向巴菲特汇报了这一潜在的收购机会。

巴菲特回应说："我一点儿也不了解路博润。"

索科尔说："没关系，你可以了解一下，它应该会适合伯克
希尔·哈撒韦。"

巴菲特问道："怎么讲？"

索科尔回复说："我曾经持有过这家公司的股份，这家公司
不错，它是伯克希尔·哈撒韦类型的公司。"[3]

巴菲特研究了路博润的年度报告，他除了知道启动引擎少
不了石油添加剂以外，对化学科学可谓一无所知。但是详细了
解一家公司各种难懂的产品，远不及把握其定位和所处行业的
经济特点重要，巴菲特是这么讲的。[4] 在跟索科尔聊完，又跟汉
姆布里克在 2011 年 2 月 8 日共进午餐以后，巴菲特大致了解了
路博润的文化，发现这家公司的发展前景的确很不错。

3 月 14 日，伯克希尔·哈撒韦同意以路博润股票市场价
30% 的溢价收购路博润，公告之后，约翰·弗罗因德—— 一位
花旗集团的银行家，也是巴菲特的股票经纪人，[5] 给巴菲特打
电话表示祝贺，并为花旗银行促成这次交易感到骄傲。巴菲特

听说花旗集团在其中也有参与，顿时十分震惊，于是让伯克希尔·哈撒韦的首席财务官马克·汉堡给索科尔打电话了解花旗集团参与的情况。索科尔重点介绍了花旗集团的参与情况，同时还向巴菲特坦言自己最近买了路博润的股票，他之前并没有跟巴菲特提过此事。

接下来的一周，索科尔被要求提供更多有关交易的细节，因为芒格、托尔斯 & 奥尔森律师事务所派出的伯克希尔·哈撒韦的代理律师一直在盘问他，同时帮助路博润的律师起草对本次交易的披露文件。那一周里巴菲特刚好在亚洲，等他回来时，索科尔提交了自己的辞职报告。索科尔在此之前曾经两次提出想要从伯克希尔·哈撒韦辞职，但是巴菲特和其他的董事会成员都说服他留下来，这一次他终于如愿以偿了。

3 月 29 日，巴菲特起草了一份新闻稿，打算宣布索科尔辞职的消息。巴菲特把这份稿子发给索科尔让他先看看，这份草稿中说，此事让索科尔接替巴菲特执掌伯克希尔·哈撒韦的希望彻底破灭，所以索科尔才会提出辞职，但索科尔本人并不认同这个解释。他明确表示，自己不仅无意接替巴菲特的职务，而且他选择退休是因为个人的原因，同时他始终相信自己的所作所为无可指摘。[6]

因此，就在即将发布这一新闻稿的前一天，巴菲特引用了索科尔辞职信的一段话，代替自己原来的表达，在这一版稿件中，索科尔的辞职是因为他希望能够管理自己的家族事业。巴菲特高度赞扬了索科尔对伯克希尔·哈撒韦"卓越的贡献",包括对中美能源公司和利捷航空公司的付出。文中随后回顾了索科尔买入路博润股票一事,总结说这些行为是合法的,并最终表示索科尔本人申明,这一交易跟他的辞职毫无关系。

3月30日发布的新闻稿引发了一片批评,人们无法接受平时那么诚实的伯克希尔·哈撒韦和巴菲特,竟对外界公认的内幕交易如此轻描淡写。这件事"说明了(巴菲特)跟索科尔的亲密程度,大约是出于某种互惠心理,所以放了他一马,毕竟索科尔曾经为伯克希尔立下了汗马之劳"。[7]股东要求知道到底为什么巴菲特没有因此震怒。

巴菲特虚心接受了批评,他指出,假如由伯克希尔·哈撒韦的律师来写这封新闻稿,他们肯定会更加审慎。芒格承认新闻稿有问题,但是提醒大家不要意气用事,借此泄愤。[8]公司的律师肯定有能力妥当地起草这种新闻稿,而且CEO通常都会把这项任务交给他们来完成。但巴菲特自己动手写新闻稿,这一失误更加凸显了"授权代表"的价值。在索科尔的例子中,这是十分讽刺的,因为很快批评家就开始抨击,伯克希尔·哈撒韦的文化就是太过放任了。

在伯克希尔·哈撒韦的审计委员会中,有来自芒格、托尔斯&奥尔森律师事务所的律师。4月26日,审计委员会最终表示,索科尔买入路博润股票一事违背了伯克希尔·哈撒韦的政策。这些政策限制经理人购买伯克希尔·哈撒韦考虑收购的公司的股票，禁止利用公司的机密信息为自己牟利。特别是，巴菲特每两年会给伯克希尔·哈撒韦的董事会写一封信，其中一封信中明确规定他们必须要捍卫伯克希尔·哈撒韦的声誉，索科尔违反了这一规定。

审计委员会疾风骤雨般的责难，彻底推翻了巴菲特在 3 月 30 日的新闻稿中所表达的观点，也让巴菲特改变了自己的想法。

在伯克希尔·哈撒韦 4 月 30 日的年会上，巴菲特用整个开场来介绍这一主题。他展示了自己在 20 年前就所罗门公司的事情接受新闻采访的片段，在采访中他告诫自己的员工不要做那些他们不愿意出现在报纸头版的事情。接下来巴菲特对索科尔的行径表示谴责，称其为"不可原谅的，也无法解释的"——这是巴菲特在评价所罗门丑闻的罪魁祸首时所用的一个词组。讨论随之转向了当时公司面对的大肆批评，很多人都在抨击伯克希尔·哈撒韦基于信任的商业模式。

反对者都在讨论，索科尔（或任何其他的高层）竟然会违背公司政策，这一事实引发了人们对于伯克希尔·哈撒韦内部管控有效性的怀疑。第 6 章中讨论过，现代公司的管控系统太过于依赖正式的指挥，包括强制程序、报告、批准和冗余的监督等。与之相反，伯克希尔·哈撒韦相信的是人，而不是流程。反对者怀疑，正是伯克希尔·哈撒韦基于信任的文化才酿成了索科尔事件。[9]

　　说任何一桩已经发生的违规事件暴露出企业的管控或文化有问题，这肯定是有些夸大其词了。没有任何一套体系能够阻止所有的违规行为，哪怕是最有效的"指挥＋管控"的模式也是如此。与之相反，索科尔事件代表的是每家企业都希望通过文化和管控来防范的事情。此事的确暴露了基于信任的模式所存在的不足。[10]

　　芒格在 2011 年 4 月 30 日的伯克希尔·哈撒韦年会上又进一步拓展了这一主题：

　　最伟大的机构……挑选最值得信任的人，而且它们会非常信任这些人……因为被信任和值得信任，人们的自尊心得到了充分的满足，所以最好的合规文化就是那些持这种信任态度的文化。（企业文化里）拥有最庞大的合规部门的公司，就像华尔街公司，也是丑闻最多的公司。所以，事情绝没有这么简单，绝不仅仅是让合规部门壮大就能让员工的行为自动变好的。起作用的是这种普遍的信任文化。伯克希尔·哈撒韦并没有那么多因此而造成的丑闻，而且我认为将来我们也不会面临这么多的丑闻。[11]

　　在任何一种企业文化中，高管如何对待过错都是很重要的。在 2011 年的年会上，整个现场又一次回荡着巴菲特针对所罗门事件发表的训诫，本书的开篇和中间都出现过这句话，到了结尾的时候又再一次出现了："让公司亏钱，我可以理解；但如果给公司的名誉带来丝毫损失，我将会毫不留情。"[12]

针对索科尔的情况，伯克希尔·哈撒韦向美国证券交易委员会披露了所有信息。证券交易委员会调查了这件事，但是最终在 2013 年选择不予追究。证券交易委员会没有给出任何解释，但胜利是毫无疑问的。其中一个原因在于，索科尔无权决定伯克希尔·哈撒韦会不会收购路博润。

这就意味着索科尔在购买路博润的股票时所掌握的"信息"，其实既不是最终的，也不是绝对可靠的，所以证券交易委员会可能很难证明"实质性"这一法定要求。此外，因为索科尔并不是路博润的员工，他在购买路博润的股票时并没有进行经典的内幕交易，这样一来证券交易委员会就需要证明他"侵吞了"伯克希尔·哈撒韦的财产，但这一点并不明显。[13]

证券交易委员会决定不再追究索科尔的案子，这一决定跟伯克希尔·哈撒韦的审计委员会指责索科尔违反公司政策的评价形成了对比。公司评价和法定结论之间存在差异，这在公司中是很常见的，因为道德准则通常要比法律的强制规定更为严格。法律设定的是最低要求，公司可以在此基础上自由抬高标准。实际上，很多"指挥＋管控"的组织架构都是在努力遵守法律条文，伯克希尔·哈撒韦基于信任和自治的企业文化则把目标定得更高。[14]

正如证券交易委员会所评判的，索科尔的错误不是他买入了路博润的股票，而是他没有向巴菲特或者其他人坦白自己不久前买过这家公司的股票。审计委员会的反应凸显了伯克希尔·哈撒韦对于公众认知的敏感，哪怕索科尔本人都站出来公开宣布证券交易委员会的决定，表示自己无罪。就像本书第4章中所写到的，索科尔的律师甚至还表示，索科尔的所作所为并没有违反他同伯克希尔·哈撒韦所签订的雇佣协议。[15]索科尔的违规行为相比他所付出的代价实在太小了，这正形象地说明了何谓无情。幸运的是，在伯克希尔·哈撒韦的模式下，无情是很少见的。占主导地位的还是信任，而几乎所有的决定在做出时都预留了充足的信任边际。

注　释

序　言　信任的奖励

1. See Erik P. M. Vermeulen, "Corporate Governance in a Networked Age," *Wake Forest Law Review* 50, no. 3 (2015): 711–42; Erik P. M. Vermeulen and Mark Fenwick, "The Future of Capitalism: 'Un-Corporating' Corporate Governance" (working paper, Lex Research Topics in Corporate Law & Economics, 2016); Mark Fenwick, Wulf A. Kaal, and Erik P. M. Vermeulen, "Regulation Tomorrow: What Happens When Technology Is Faster Than the Law?" https://papers.ssrn.com/sol3/papers.cfm? abstract_id=2834531 (2017); Toshiyuki Kono, Mark Fenwick, and Erik P. M. Vermeulen, "Organizing-for-Innovation: New Perspectives on Corporate Governance" (2017).

2. See David F. Larcker and Brian Tayan, "Berkshire Hathaway: The Role of Trust in Governance" (Stanford Governance Research Program, May 28, 2010).

3. See Jay B. Barney and William S. Hesterly, *Strategic Management and Competitive Advantage: Concepts and Cases*, 6th ed.（New York：Pearson, 2018）, 261–62.

4. See Subrata N. Chakravarty, "Three Little Words," *Forbes*, April 6, 1998.

5. See Jerker Denrell, "Vicarious Learning, Undersampling of Failure, and the Myths of Management," *Organization Science* 14, no. 3（May–June 2003）: 227–351.

6. See Aneil K. Mishra, "Organizational Responses to Crisis：The Centrality of Trust," in *Trust in Organizations: Frontiers of Theory and Research*, ed. Roderick M. Kramer and Tom R. Tyler（Thousand Oaks, CA：Sage, 1996）, 261, 282.

学者和商业媒体近来的讨论都表明，信任是公共和私人组织的组织行为与组织生命的关键所在。最近有几位学者提出，信任是帮助组织保持长盛不衰的核心因素，特别是考虑到经营环境正日趋不确定，竞争也日趋激烈。

See Jordan D. Lewis, *Trusted Partners: How Companies Build Mutual Trust and Win Together*（New York：Free Press, 1999）; Christel Lane and Reinhard Bachmann, eds., *Trust Within and Between Organizations*（Oxford：Oxford University Press, 1998）; and "Special Topic Forum on Trust in and Between Organizations," *Academy of Management*

Review 23, no. 3（1998）: 384–640.

7. See Dennis Reina and Michelle Reina, *Trust and Betrayal in the Workplace: Building Effective Relationships in Your Organization*（Oakland, CA : Berrett-Koehler, 2015）; Ken Blanchard and Jesse Lyn Stoner, *Full Steam Ahead: Unleash the Power of Vision in Your Work and Your Life*（San Francisco, CA : Berrett-Koehler, 2011）（"人会选择是否要追随领导，没有信任，你最多只能得到服从。"）; and Christel Lane, "Introduction : Theories and Issues in the Study of Trust," in *Trust Within and Between Organizations*, 1（"信任越来越被看作取得卓越表现，以及在新的商业环境中竞争成功的先决条件。"）; Sue Shellenbarger, "Workplace Upheavals Seem to Be Eroding Employees' Trust," *Wall Street Journal*, June 21, 2000.

8. 巴菲特在1993年6月30日接受《杰出投资者文摘》（*Outstanding Investor Digest*）采访时发表了下面一番言论：

我们所说的"护城河"在其他人看来可能是竞争优势，这正是把一家公司跟最相近的竞争对手区分开来的东西——无论是服务、低价、品位，还是产品所拥有的并且消费者也可以感知到的其他优点，在消费者看来，正是因为产品有这样的特点他们才会选择它，而不选择其他产品。

"护城河"多种多样，所有的"护城河"要么是在不断拓宽，要么是在不断收窄——虽然肉眼不可见。

See Michael E. Porter, Competitive Strategy: Techniques for Analyzing Industries and Competitors（New York: Free Press, 1980）; Clayton Christensen, *The Innovator's Dilemma: When New Technologies Cause Great Companies to Fall*（Boston: Harvard Business Review, 1997）.

9. Mani, "Warren Buffett to Acquire Detlev Louis Motorradvertriebs In Europe Push," *Value Walk*, February 20, 2015, https://www.valuewalk .com/2015/02/warren-buffett-detlev-louis/.

10. Beiten Burkhard, "Advises Ute Louis on the Sale of Detlev Louis Motorradvertriebs GmbH," company statement, February 20, 2015.

11. "What Do You Get When You Cross Warren Buffett With a Motorcycle？" *Motley Fool*, February 21, 2015.

12. European Union, "Commission Clears Acquisition of Detlev Louis Motorradvertriebs by Berkshire Hathaway," press release, April 27, 2015.

13. Alexander Möthe and Astrid Dörner, "Warren Buffet's German To-Do-List," *Handelsblatt*, February 25, 2015; see also Steve Jordon, "Warren Watch-Buffett's 'German Scout' on the

Hunt，" *Omaha World-Herald*，March 22，2015.

14. 本书改编并且大幅改写了劳伦斯·A. 坎宁安在 2013—2018 年所写的 20 多本著作中的材料，这些材料主要是斯特凡妮·库巴协助编辑的。

2018：

- "Warren Buffett on Mentoring," *NACD Directorship*，July-August 2018；

- "How Shareholders Have Built，Preserved Berkshire," *Omaha World-Herald*，May 5，2018.

2017：

- "Warren Buffett's Ten Commandments for Directors," *NACD Directorship*，July-August 2017；

- "Berkshire Managers Flourish in Decentralized Structure," *Omaha World-Herald*，May 7，2017；

- "Unilever Deal Is Dead，but Buffett's 'Big Game' Danger Lives On," *CNBC*，February 22，2017；

- "Contract Interpretation 2.0：Not Winner Take All but Best Tool for the Job," *George Washington Law Review* 85，no. 6（2017）：1625–59.

2016：

- "The Writings of a Joyous Investor," *NACD Directorship*，July-August 2016；

- "Berkshire Hathaway : From Value Investing to Trust Managing," *Manual of Ideas*, May 2016 ;

- "Culture of Autonomy Makes Berkshire's Size More Strength Than Weakness," *Omaha World-Herald*, April 30, 2016 ;

- "Berkshire's Blemishes : Lessons for Buffett's Successors, Peers and Policy," *Columbia Business Law Review* 1, no. 1（2016）: 1–59.

2015 :

- "Warren Buffett Arrives in Europe : Seeking Quality Companies to Preserve and Protect," *European Financial Review*, December 28, 2015 ;

- "Warren Buffett and Wall Street : The Best of Frenemies," *Financial History*（Fall 2015）;

- "Minus the Middleman : Berkshire Model Offers Profitable Lessons," *Omaha World-Herald*, May 1, 2015 ;

- "The Philosophy of Warren E. Buffett," *New York Times*, April 30, 2015 ;

- "Why Warren Buffett's Son Isn't the Heir Apparent," *CNBC*, March 11, 2015 ;

- "Understanding Succession at Berkshire After Buffett," *New York Times*, March 2, 2015 ;

- "The Secret Sauce of Corporate Leadership," *Wall Street Journal*,

January 25, 2015 ;

• "Intermediary Influence and Competition : Berkshire versus KKR," *University of Chicago Law Review Dialogue* 82, no. 1（2015）: 177–99 ;

• "Berkshire's Disintermediation : A Managerial Model for the Next Generation," *Wake Forest Law Review* 50（2015）: 509–31.

2014 :

• "Ocwen Would Do Well to Follow the Lessons of Berkshire's Clayton Homes," *New York Times*, December 24, 2014 ;

• "Big-Hearted Warren Buffett's Guide to Giving," *CNBC*, December 5, 2014 ;

• *Berkshire Beyond Buffett: The Enduring Value of Values*（New York : Columbia University Press 2014）, chap. 8.

15. See Warren E. Buffett, "Before the Subcommittee on Telecommunications and Finance of the Energy and Commerce Committee of the U.S. House of Representatives"（1991）, reprinted in *Wall Street Journal*, May 1, 2010.

第 1 章　参与者

1. See Deborah A. DeMott, "Agency Principles and Large Block Shareholders," *Cardozo Law Review* 19, no. 2（1997）: 321–40.

2. See Lawrence E. Mitchell, "The Human Corporation : Some

Thoughts on Hume, Smith, and Buffett," *Cardozo Law Review* 19, no. 2（1997）: 341.

3. *Meinhard v. Salmon*, 164 N.E. 545（N.Y. 1928）.

4. See Amy Deen Westbrook, "Warren Buffett's Corporation: Reconnecting Owners and Managers," *Oklahoma City University Law Review* 34, no. 3（2009）: 515–48.

5. See Michael Eisner and Aaron R. Cohen, *Working Together: Why Great Partnerships Succeed*（New York: Harper Collins, 2014）.

6. See Melvin A. Eisenberg, "The Board of Directors and Internal Control," *Cardozo Law Review* 19, no. 2（1997）: 237–64.

7. See Jill E. Fisch, "Taking Boards Seriously," *Cardozo Law Review* 19, no. 2（1997）: 265–90.

8. Gary Strauss, "Directors See Pay Skyrocket," *USA Today*, October 26, 2011. 还有其他一些收入不高的董事会，例如信用验收公司（Credit Acceptance Corporation）和星座软件公司（本书作者劳伦斯·A. 坎宁安就在这里供职）。

9. See Mark Calvey, "Berkshire Hathaway Director Susan Decker Offers Rare Peek Into Warren Buffett's Boardroom," *San Francisco Business Times*, December 9, 2014.

10. See James D. Cox and Harry L. Munsinger, "Bias in the Boardroom: Psychological Foundations and Legal Implications

of Corporate Cohesion," *Law and Contemporary Problems* 48, no. 3（1985）: 83–135.

11. See Charles McGrath, "80 Percent of Equity Market Cap Held by Institutions," *Pensions & Investments*, April 25, 2017. 确切的数字取决于对时间、数据和市场范围的定义。凯斯西储大学的加里·普雷维茨在复核了 1965—2015 年美联储的全部数据以及劳伦斯·A. 坎宁安存档的数据以后，也得到了类似的结果。

12. 劳伦斯·A. 坎宁安当前的研究面向全美国的公司，意在探究此类股东分布情况及对其企业的重要性。他重点介绍了自己所认为的优质股东，即那些长期集中持有一家公司股票的股东，而不是那些三心二意的指数型投资者和持有时间不长的短线投资者。优质股东为公司事务带来了巨大的价值，这是指数型投资者和短线投资者所欠缺的。

13. Warren E. Buffett and Lawrence A. Cunningham, *The Essays of Warren Buffett: Lessons for Corporate America*, 4th ed.（New York : The Cunningham Group ; distributed by Carolina Academic Press, 2015）, 101（from the 1993 letter）.

14. Buffett and Cunningham, *The Essays of Warren Buffett*, 27–28（from the 1979 letter, later republished in *An Owner's Manual* and ensuing annual reports from 1996）.

15. See Richard Teitelbaum, "Berkshire Billionaire Found with More

Shares Than Gates," *Bloomberg News*, September 17, 2013.

16. Andrew Kilpatrick, *Of Permanent Value: The Story of Warren Buffett*（Birmingham, AL：AKPE, 2018）.

17. 少数几次例外情况包括：把德克斯特鞋业公司的剩余资产转入 H. H. 布朗鞋业公司，当时德克斯特的业务已经走下坡路了；把布拉德·金斯特勒从考恩哈斯克财险公司（Cornhusker Casualty）调到费切海默兄弟公司，又调到喜诗糖果。

18. Lawrence A. Cunningham, *Berkshire Beyond Buffett*（New York：Columbia University Press, 2014）, 213.

19. 就在惠特曼去世前一年，劳伦斯·A. 坎宁安有幸得到邀请为惠特曼所写的家庭回忆录作序，这部分就是改编自这一段序言。

20. 其他的例子包括吉姆·韦伯和汤姆·马嫩蒂。韦伯表示自己在职业生涯中从未被人如此信任过，让他感觉自己义不容辞。马嫩蒂则表示，如此受巴菲特的信任，让他能够真正信任自己的团队，赋予其更多的权力和更大的责任。

第 2 章　合伙制的实践

1. 部分社会倡议人士因为反对某些捐助决定，而选择抵制伯克希尔·哈撒韦子公司的产品，伯克希尔·哈撒韦不得已，只好终止了该计划。

2. 时至今日，A 类股每股拥有一票投票权，并且拥有同等的经济权益，例如股息；而 B 类股的投票权和经济权益，则分别是 A 类股的 1/10 000 和 1/1 500。

3. William Zissner, *On Writing Well* (New York: Harper Collins 1990), 58.

第 3 章　管理方法

1. 20 世纪 70 年代时，伯克希尔·哈撒韦还没有收购政府员工保险公司，当时该公司正面临不良承保导致的破产；21 世纪，当伯克希尔·哈撒韦收购通用再保险公司时，这家公司也正面临同样的命运。

2. 这些数字是推断出来的，巴菲特在 2010 年"致股东的信"中提到伯克希尔·哈撒韦总部的年租金是 270 212 美元，设施总投资达到 301 363 美元。Warren E. Buffett and Lawrence A. Cunningham, *The Essays of Warren Buffett: Lessons for Corporate America*, 4th ed.（New York: The Cunningham Group; distributed by Carolina Academic Press, 2015），80（from the 2010 letter）. 伯克希尔·哈撒韦在 2018 年的委托书中列出了薪资最高的员工，提到首席财务官在 2015 年、2016 年和 2017 年的底薪分别为 135 万美元、155 万美元和 177.5 万美元。

3. Lawrence A. Cunningham, *Berkshire Beyond Buffett*（New

York: Columbia University Press，2014），213.

4. 只有一次是由伯克希尔·哈撒韦聘请的经纪人所推荐
的——这是一次很反常的情况，巴菲特让伯克希尔·哈撒
韦子公司的 CEO 戴维·索科尔寻找收购对象。尾声部分详
细介绍了具体情况。

第 4 章　交　易

1. John Mueller，*Capitalism: Democracy and Ralph's Pretty Good
Grocery*（Princeton，NJ：Princeton University Press，1999），96.

2. See Lawrence A. Cunningham，*Berkshire Beyond Buffett: The
Enduring Value of Values*（New York：Columbia University
Press，2014），11："20 世纪 80 年代中期，伯克希尔还会转让
一些巴菲特合伙公司一开始收购的比较失败的公司，例如连
锁百货商店，包括多元零售公司（Diversified Retailing）、联
合零售商店（Associated Retail Stores）、霍克希尔德·科恩百
货公司（Hochshild Kohn）等，但是随后我们没有再这么做
了。"正是在那时，巴菲特认识到了伯克希尔·哈撒韦永久
持有的承诺对卖方而言意味着怎样的经济价值，一直到 2019
年，伯克希尔·哈撒韦才转让了另外一家子公司的股权，也
就是雇员补偿保险公司（Applied Underwriters），一家很小的
专业保险公司，之所以会卖掉，据说是因为伯克希尔·哈撒
韦同时拥有另外几家在同一行业经营的对手公司。See Nicole

Friedman, "Warren Buffett Is Doing Something Rare : Selling a Business," *Wall Street Journal*, February 27, 2019.

3. 本杰明·摩尔公司；柏林顿北方圣塔菲铁路公司；克莱顿房屋公司；CTB 公司（农业设备制造商）；冰雪皇后公司；鲜果布衣公司；加兰（Garan）公司；通用再保险公司；约翰斯·曼维尔公司；贾斯廷公司；路博润公司；中美能源公司；精密铸件公司（Precision Castparts）；萧氏工业集团；XTRA 公司；伯克希尔·哈撒韦还参加了对亨氏公司的收购，该公司随后又与卡夫食品公司合并。

4. 我们确信自己的预感没错，芒格一定参与了文件起草，还跟罗伯特·丹纳赫和罗纳德·奥尔森交换了意见，这两位律师都参与了本次交易，至今还是律所的合伙人。

5. 这种受托人"出局"一直到这次事件以后才趋于标准化。但即使在当时，这种情况也经常出现，法庭十分重视，包括在当年那一标志性的案例中。*Smith v. Van Gorkom*, 488 A.2d 858（Del. 1985）.

6. See Restatement（Second）of Contracts 193（1981）.

7. See Thomas Petzinger Jr., *Oil & Honor: The Texaco-Pennzoil Wars*（Washington, DC : Beard, 1987）.

第 5 章　董事会

1. Lawrence A. Cunningham, "Conversations from the Warren

Buffett Symposium"（transcript）, *Cardozo Law Review* 19, no. 2（1997）: 719, 737 ; reprinted in Lawrence A. Cunningham, *The Buffett Essays Symposium: A 20th Anniversary Annotated Transcript*（Petersfield, UK : Harriman House, 2016）, 13.

2. 这一观点来自罗纳德·奥尔森，他是伯克希尔·哈撒韦的一名董事，也是芒格、托尔斯 & 奥尔森律师事务所的合伙人。

3. Warren E. Buffett and Lawrence A. Cunningham, *The Essays of Warren Buffett: Lessons for Corporate America*, 4th ed.（New York : The Cunningham Group ; distributed by Carolina Academic Press, 2015）, 47（from the 2002 letter）.

第6章 内部事务

1. See Stephen M. Bainbridge, "A Critique of the NYSE's Director Independence Listing Standards," *Securities Regulation Law Journal* 30, no. 4（2002）: 370, 381.

2. Compare Kelli A. Alces, "Beyond the Board of Directors," *Wake Forest Law Review* 46（2011）: 783–836, with Stephen M. Bainbridge, "Director Primacy : The Means and Ends of Corporate Governance," *Northwestern University Law Review* 97, no. 2（2003）: 547–607.

3. See Marcel Kahan and Edward Rock, "Embattled CEOs," *Texas Law Review* 88, no. 987（2010）: 201–10.

4.　See Tom C. W. Lin，"The Corporate Governance of Iconic Executives，" *Notre Dame Law Review* 87，no. 1（2011）：351–82。［作为象征符号的 CEO 赢得了太多来自组织和法律的尊重（引自史蒂夫·乔布斯），很容易过度自信（引自巴菲特），甚至可能会肆无忌惮（引自迈克尔·艾斯纳）。］

5.　See Melvin A. Eisenberg，"The Board of Directors and Internal Control，" *Cardozo Law Review* 19，no. 2（1997）：237–64.

6.　See Michael Power，*The Audit Society: Rituals of Verification*（Oxford：Oxford University Press，1997）.

7.　Warren E. Buffett and Lawrence A. Cunningham，*The Essays of Warren Buffett: Lessons for Corporate America*，4th ed.（New York：The Cunningham Group；distributed by Carolina Academic Press，2015），298（from the 2014 letter）.

8.　Gary S. Becker，"Crime and Punishment：An Economic Approach，" *Journal of Political Economy* 76，no. 2（1968）：169–217.

9.　David A. Skeel，Jr.，"Shaming in Corporate Law，" *University of Pennsylvania Law Review* 149，no. 6（2001）：1811–68；Margaret M. Blair and Lynn A. Stout，"Trust, Trustworthiness and the Behavioral Foundations of Corporate Law，" *University of Pennsylvania Law Review* 149，no. 6（2001）：1735–810.

第7章 对 比

1. See Warren E. Buffett, Before the Subcommittee on Telecomm-
   unications and Finance of the Energy and Commerce Committee
   of the U.S. House of Representatives（1991）, reprinted in *Wall
   Street Journal*, May 1, 2010. 巴菲特的训诫是这样开始的：

> 合规的精神跟合规的话一样重要，甚至比它更重要。我想要听对的话，想要完全的内部管控。但是我也想让每一个所罗门的员工都成为自己的合规官。他们首先要遵守所有的规则，接下来我希望员工问问自己，假设自己的行径第二天会出现在当地报纸的头版，被他们的伴侣、孩子、朋友看到，报道这件事情的是一位批评他的记者，而且事先也未曾知会他此事，他们愿不愿意？如果他们按照我说的先问问自己，那么就不用担心我即将传递给他们的另一条信息：让公司亏钱，我可以理解；但如果给公司的名誉带来丝毫损失，我将会毫不留情。

2. Eileen Appelbaum and Rosemary Batt, *Private Equity at Work*
   （New York : Russell Sage, 2014）, 2.

3. Matthew D. Kain, Stephen B. McKeon, and Steven Davidoff
   Solomon, "Intermediation in Private Equity : The Role
   of Placement Agents," July 14, 2017, https://ssrn.com/

abstract=2586273.

4. Ryan Kantor and Ryan Sullivan，"A Lawyer's Guide：Valuation Issues in Private Equity Funds，" December 6, 2012，https://ssrn.com/abstract= 2408295.

5. Guy Fraser-Sampson，*Private Equity as an Asset Class*（Hoboken, NJ：Wiley, 2007），9.

6. Appelbaum and Batt，*Private Equity*，71–72.

7. Id. 68–71, 286–87.

8. Id. 282.

9. See Victor Fleischer，"Two and Twenty：Taxing Partnership Profits in Private Equity Funds，" NYU Law Review 83, no. 1–59（2008）.

10. See Gretchen Morgenson，"Private Equity's Free Pass，" *New York Times*，July 26, 2014；John C. Coffee Jr.，"Political Economy of Dodd-Frank：Why Financial Reform Tends to be Frustrated and Systemic Risk Perpetuated，" *Cornell Law Review* 97, no. 5（2012）：1019–82.

11. 伯克希尔·哈撒韦的模式并不完全是股东利益至上的模式，这种模式可能会把其他人抬高到股东之上的地位，或者对很多股东乃至所有股东一视同仁。

12. George P. Baker and George David Smith，*The New Financial Capitalists: Kohlberg Kravis Roberts and the Creation of Corporate*

Value（New York：Cambridge University Press，1998）.

13. Barker and Smith, *The New Financial Capitalists*, 100.

第8章　在其他领域的应用

1. Kris Frieswick，*ITW: Forging the Tools for Excellence*（Bainbridge Island，WA：Fenwick，2012），67–70.

2. Id. 63–64.

3. 关于马蒙集团的讨论改编自劳伦斯·A. 坎宁安的《超越巴菲特的伯克希尔》（纽约：哥伦比亚大学出版社，2014），同时也有部分内容源自坎宁安对马蒙集团的弗兰克·普塔克的采访，以及在西北大学进行的采访和2015年的图书巡展活动（芝加哥，2015年2月11日）。

4. See Tim Mullaney，"Opinion：The True Mastermind of Google's Alphabet？ Warren Buffett，" *Marketwatch*，August 17，2015，https://www.marketwatch.com/story/the-true-mastermind-of-googles-alphabet-warren-buffett–2015–08–17.（大量引用了坎宁安对几种模式的比较。）

第9章　信任难题

1. See Peter Lattman，"A Record Buyout Turns Sour for Investors，" *New York Times*，February 28, 2012.

2. See Deena Shanker and Craig Giammona, "Kraft Heinz Slumps on SEC Subpoena, $15.4 Billion in Writedowns," *Crain's Chicago Business*, February 21, 2019.

3. See *Revlon v. MacAndrews & Forbes*, 506 A.2d 173（Del. 1986）.

4. See *Paramount Communications, Inc. v. Time, Inc.*, 571 A.2d 1140（Del. 1989）.

5. See *Denver Area Meat Cutters v. Clayton*, 209 S.W.2d 584（Tenn. Ct. App. 2006）; *Denver Area Meat Cutters v. Clayton*, 120 S.W.3d 841（Tenn. Ct. App. 2003）.

第 10 章　公众舆论

1. Mark Greenblatt, "Berkshire Insurance Payments Criticized," *Scripps*, October 6, 2013.

2. Berkshire Hathaway, News Release October 31, 2013.

3. 伯克希尔·哈撒韦强调，它每年在这项业务中为理赔和理赔费用支付的金额超过 24 亿美元，累计超过 200 亿美元。它将履行其对保单持有人、保险人和再保险人多方面的职责，因此要面对理赔、监管机构和"希望我们的所作所为远超本公司的任何最低实践标准的"股东，伯克希尔·哈撒韦很注重赢得这些人的尊重，赢得来自同行和行业贸易组织的嘉奖。它承认部分分支机构以及从前的经营中不免有一些较复杂、有争议的理赔情况，但它表示不能就此简单地以偏概全，哪怕这篇文章一直在朝着这个方向引导公众。伯克希尔·哈撒韦强调，它不认同公众对未决案件的评论，它也很不喜欢因为这样一篇似乎有意影响事情走向的文章而不得不进行自我辩护。

4. John Sylvester, "Policyholder Litigation Involving Claims Handling by Resolute Management Inc."（presentation to the American Bar Foundation, January 2014）.

5. For example, Dean Starkman, "AIG's Other Reputation; Some Customers Say the Insurance Giant Is Too Reluctant to Pay Up," *Washington Post*, August 21, 2005.

6. Daniel Wagner and Mike Baker, "Warren Buffett's Mobile Home Empire Preys on the Poor," April 3, 2015, http://www.publicintegrity.org/2015/04/03/17024/warren-buffetts-mobile-home-empire-preys-poor.

7. 这篇报道大肆鼓吹自己的主要发现：借多家公司的名义让买方相信他们是货比三家；以超出 15% 的利率贷款，增加大量费用；消费者认为自己上当了，抱怨公司通过稍加变化、施加压力和各种巧立名目的费用等手段对自己进行掠夺；两位先前的交易参与者表示，总部逼迫他们诱导消费者从克莱顿房屋借钱，毫不考虑上述问题。

8. "Clayton Homes Statement on Mobile-Home Buyer

Investigation," *Omaha World Herald*, April 3, 2015.

9. Daniel Wagner and Mike Baker, "A Look at Berkshire Hathaway's Response to 'Mobile Home Trap' Investigation," April 6, 2015, http：//www.publicintegrity.org/2015/04/06/17081/look-berkshire-hathawaysresponse –mobile-home-trap-investigation.

10. Mike Baker, "Buffett Sticks Up for Mobile-Home Business at Shareholder Meeting," *Seattle Times*, May 2, 2015. 我们在《超越巴菲特的伯克希尔》一书中，在贝克 2015 年 5 月 2 日的报道发表前几个月，以及在劳伦斯·A. 坎宁安的一篇《纽约时报》专栏文章中都曾解释过，所有这些声明都跟克莱顿房屋所代表的一切相互矛盾。克莱顿房屋引用了坎宁安的专栏评论作为回应，而瓦格纳和贝克在反驳时又倒打一把，认为这是"巴菲特的长期追随者"所写的东西。

11. 对比 Clayton Homes, "Manufactured Home Living News," press release, May 18, 2015, http：//www.reuters.com/article /2015/05/18 /idUSnGNX5smRmG+1c5+GNW20150518（与扎克·卡特说起针对"反对为入手活动房屋提供便利"立法的重要性）"House Republicans Hand Warren Buffett Big Win on Expensive Loans to the Poor," *Huffington Post*, April 14, 2015, http：//www. huffingtonpost.com /2015/04/14/manufactured-housing-republicans_n_7065810.html（正如题目所揭示的，支持立法保护穷人免受高额贷款困扰）。

12. Mike Baker, "Buffett's Mobile Home Business Plan Has Most to Gain from Deregulation Plan," *Seattle Times*, May 17, 2015, http∶//www.seattletimes. com/business/real-estate/buffetts-mobile-home-business-has-most-to-gain-from-deregulation-plan/; Baker, "Buffett Sticks Up for Mobile-Home Business."

13. Ariz. Admin. Code, R14-2-1802 et seq; see ASU Energy Policy Innovation Council, Net Metering Rules Brief Sheet (Dec. 2013), https://energypolicy.asu.edu/wp-content/uploads/2014/01/Policies-to-Know-Arizona-Net-Metering-Rules-Brief-Sheet_Updated.pdf.

14. Reem Nasr, "Ground Zero in the Solar Wars∶ Nevada," *CNBC*, May 26, 2015, https://www.cnbc.com/2015/05/26/ground-zero-in-the-solar-wars-nevada.html.

15. Mark Chediak, Noah Buhayar, and Margaret Newkirk, "Warren Buffett Is Sending Mixed Messages on Green Energy," *Bloomberg Business*, May 18, 2015.

第11章 规 模

1. Robert Miles, *The Warren Buffett CEO: Secrets from the Berkshire Hathaway Managers* (New York∶ Wiley, 2003).

2. See Sanjai Bhagat, Andrei Shleifer, and Robert W. Vishny,

"Hostile Takeovers in the 1980s : The Return to Corporate Specialization," *Brookings Papers on Economic Activity: Microeconomics*, ed. M. N. Baily and C. Winston (Washington, DC : Brookings Institution, 1990), 1–84.

3. Robert Sobel, *ITT: The Management of Opportunity* (Washington, DC : Beard Books, 2000); George A. Roberts, with Robert J. McVicker, *Distant Force: A Memoir of the Teledyne Corporation and the Man Who Created It* (Thousand Oaks, CA : Teledyne Corporation, 2007); and Gerald F. Davis, Kristina Diekman, and Catherine H. Tinsley, "The Decline and Fall of the Conglomerate Firm in the 1980s : The Deinstitutionalization of an Organizational Form," *American Sociological Review* 59, no. 4 (1994) : 547–70.

4. George P. Baker and George David Smith, *The New Financial Capitalists: Kohlberg Kravis Roberts and the Creation of Corporate Value* (New York : Cambridge University Press, 1998), 168.

5. Davis et al., "The Decline and Fall of the Conglomerate Firm," 554.

6. See Lawrence A. Cunningham, "Conversations from the Warren Buffett Symposium (Transcript)," *Cardozo Law Review* 19, no. 2 (1997), 719, 736–37, 813 ; reprinted in

Lawrence A. Cunningham, *The Buffett Essays Symposium: A 20th Anniversary Annotated Transcript* (Petersfield, UK : Harriman House, 2016), 13, 73.

第 12 章　接班计划

1. See "Berkshire Hathaway : Playing Out the Last Hand," *Economist*, April 26, 2014 ; "Berkshire Hathaway : The Post-Buffett World," *Economist*, January 10, 2015.

2. Steven Davidoff Salomon, "With His Magic Touch, Buffett May Be Irreplaceable for Berkshire," *New York Times*, May 21, 2013.

3. See Gerald F. Davis, "The Twilight of the Berle and Means Corporation," *Seattle University Law Review* 34 (2011) : 1121–38 ; see also Jeffrey N. Gordon, "Corporations, Markets, and Courts," *Columbia Law Review* 91, no. 8 (1991) : 1931–88.

4. See Deborah A. DeMott, "Agency Principles and Large Block Shareholders," *Cardozo Law Review* 19, no. 2 (1997) : 321–40.

尾　声　无情的大棒

1. Berkshire Hathaway, *Annual Report: Chairman's Letter*, 2009.

2. Warren Buffett, "Opening Comments" (Berkshire Hathaway

Annual Meeting, Omaha, NE, April 30, 2011）.

3. Buffett，"Opening Comments."

4. Buffett，"Opening Comments"（回答股东的问题）。

5. See Steve Schaefer，"Buffett Breaks Out Elephant Gun for $9B Lubrizol Buy," *Forbes*, March 14, 2011；and Katya Wachtell，"Meet John Freund：Warren Buffett's Broker of 30 Years and the Citi Banker Who Alerted Him to Sokol's Deception," *Business Insider*, May 2, 2011.

6. See also "David Sokol Defends His Controversial Lubrizol Stock Purchases"（transcript），CNBC, April 1, 2011, http：// www.cnbc.com/id/42365586.

7. Ruling of the Court on Defendants' Motion to Dismiss, *In re Berkshire Hathaway Inc. Deriv. Litig.*, No. 6392–VCL, 2012 WL 978867（Del. Ch. Mar. 19, 2012）.

8. Buffett，"Opening Comments"（回答股东的问题）；Charlie Munger（Berkshire Hathaway Annual Meeting, Omaha, NE, April 30, 2011）（回答股东的问题）。

9. Ben Berkowitz，"Sokol Affair Tarnishes Buffett Style," *Globe & Mail*, March 31, 2011, 引用特拉华大学的查尔斯·埃尔森的话："这种事情都能发生的事实，的确让大家开始怀疑公司管控能否有效地防止此类事件的发生。"Jenny Strasburg，"Buffett Is Seen as Too Trusting," *MarketWatch*,

March 31, 2011.

10. Berkowitz，"Sokol Affair，"引用哥伦比亚大学约翰·科菲的话："这种行为，是公司管理的问题，是精明的公司一直努力避免的行为。"我们没什么理由相信，假如有一套更加复杂的管控系统，索科尔的举动可能就会不同。伯克希尔·哈撒韦有庞大的合规部门，有详细的"指挥＋管控"，包括通过合规委员会调查个人投资的具体步骤。如果伯克希尔·哈撒韦一直以来严禁索科尔违背的一般性政策都未能阻止索科尔的交易，那么再多加一层官僚体系显然也不太可能改变这种局面。与之相反，"指挥＋管控"的模式可能会取代自治和信任文化的价值，激发更多在违规边缘游走的行径。

11. Munger（回答股东的问题）。

12. See Warren E. Buffett，"Before the Subcommittee on Telecommunications and Finance of the Energy and Commerce Committee of the U.S. House of Representatives"（1991），reprinted in *Wall Street Journal*，May 1, 2010. 巴菲特的训诫是这样开始的：

合规的精神跟合规的话一样重要，甚至比它更重要。我想要听对的话，想要完全的内部管控。但是我也想让每一个所罗门的员工都成为自己的合规官。他们首先要遵守所有的规则，接下来我希望员工问问自己，假设自己的行径第二天会出现在当地报纸的头版，被他们的伴侣、孩子、朋友看到，报道这件事情的是一位批评他的记者，而且事先也未曾知会他此事，他们愿不愿意？如果他们按照我说的先问问自己，那么就不用担心我即将传递给他们的另一条信息：让公司亏钱，我可以理解；但如果给公司的名誉带来丝毫损失，我将会毫不留情。

13. 索科尔的事情促使一些伯克希尔·哈撒韦的股东起诉了特拉华州（该公司所在州）的委员会。他们提出委员会缺乏足够有力的内控体系，这种抱怨跟大众批评伯克希尔·哈撒韦基于信任的文化，批评董事会因为放弃了"指挥＋管控"的架构而未能做好监管工作这类声音如出一辙。法庭驳回了这一论断，称其"毫无根据"。Ruling of the Court on Defendants' Motion to Dismiss, *In re Berkshire Hathaway Inc. Deriv. Litig.*, No. 6392–VCL, 2012 WL 978867（Del. Ch. Mar. 19, 2012）.

这些股东还试图起诉索科尔，让他赔偿伯克希尔·哈撒韦遭受的 300 万美元的收益损失，但是董事会拒绝了。董事会可以决定公司是否应该起诉某人，除非股东能证明董事会没有能力公正行动。这些股东无法证明伯克希尔·哈撒韦董事会的独立性是否因为要起诉索科尔而受到影响。特拉华法庭承认巴菲特的新闻稿粉饰了这一事件，表示索科尔和巴菲特的亲密关系让董事会有失偏颇，但是法庭表示，这只是"烟幕弹"，并不足以影响董事会的判断。

14. 索科尔的事情同时反映了伯克希尔·哈撒韦对于公众认知的敏感，从根本上巩固了巴菲特的训诫，员工可以这样检验自己的行为，想想这件事如果出现在报纸的头版会是什么样子。假如索科尔一开始给巴菲特打电话时说的是："沃伦，我觉得路博润是一家很有吸引力的公司——实在太有吸引力了，所以我本人刚刚入手了 1 000 万美元这家公司的股票，我认为你应该为伯克希尔·哈撒韦考虑，了解一下这家公司。"这种披露就会让事情变成另外一番样子。而且，索科尔也可以更进一步来彻底打消人们对于其行为是否得体的疑虑，他可以说："假如伯克希尔希望出钱买我的股票，我也很乐意出售。"巴菲特可能的反应大概会是这样的："不用了，没关系，如果我们最后买下了这家公司，你完全有资格这样做。"

15. Attorney for David Sokol, "Statement of Dickstein Shapiro Partner Barry Wm. Levine," press release, April 27, 2011.

索 引

decentralization at, 93–94; under
Farrell, 93; under Nichols, 92;
under Santi, 93–94; Smith as
president of, 91–92
incentives. *See* compensation
individual investors: institutional
investors compared to, 11; list of
notable, *14*
informal promises/agreements: of
Warren Buffett, 46–47; formal
agreements in relation to,
55–58; handshakes as, xx,
57–58
innovation, x, xii
insider trading, 130, 132
institutional investors: individual
investors compared to, 11; list of
quality, *16*
Institutional Shareholder Services
(ISS), 61
insurance float: exposé on, 113–14; as
leverage preference, 30–31
insurance operations: Ajit Jain
overseeing, 6, 126; public relations
for, 113–14, 147n3; reporting
decentralization and, 38
insurance sector, 87–91
internal capital allocation, 32–33
internal control system, 66–67
investments: Warren Buffett track
record in, ix; margin of safety
concept for, x
investors: engagement of, 13;
individual, 11, *14*; institutional,
11, *16*; as intermediaries, 79, 81.
See also shareholders
ISS. *See* Institutional Shareholder
Services
ITW. *See* Illinois Tool Works

Jain, Ajit: insight of, 72; as vice
chairman of Berkshire, 6, 126
Jain, Prem, 28–29

judgment, errors in: on acquisition,
103–8; on CEOs, 108–11
Justin Boots, 36–37

Kilpatrick, Andrew, 14
Kintsler, Brad, 18
Kraft Heinz Company: formation of,
56; Unilever sought by, 85

large corporations: critics of, 118–19,
123; of finance, 120–21. *See also*
conglomerates
lawsuits: against Clayton Homes,
108, 115; against NICO, 113; by
shareholders, 151n13
Lemann, Jorge Paulo, 84–85
Leonard, Mark, 98–99
letters. *See* shareholder letters
leverage: insurance float and deferred
taxes as, 30–31; PE firms using,
xxi
Lincoln, Abraham, 69
loans: bank debt from, 32; risks of, 31
lobbying, 120
Lorne, Simon, 28
Louis, Detlev: death of, xv–xvi;
Detlev Louis Motorradvertriebs
founded by, xiii–xiv; forward
integration strategy of, xv
Louis, Ute: Detlev Louis
Motorradvertriebs joined by, xiv;
Detlev Louis Motorradvertriebs
run by, xv–xvi; Detlev Louis
Motorradvertriebs sold by,
xvi–xvii
Lubrizol Corporation, 130–31

management/managers: autonomy
qualifications for, 17; of Berkshire,
15, 17–21; principles, xi;
succession success of, 15, 17–19;
trust of, 129
manager contracts, 54